허영환의

중국문화유산기행

II

중국 문화유산 기행 · Ⅱ (화중지방 편)

값 10,000원

초판 발행 / 2001년 6월 30일
재판 발행 / 2011년 8월 31일

지은이 / 허영환
펴낸이 / 최석로
펴낸곳 / 서문당
주소 / 경기도 파주시 교하읍 문발리 514-3
전화 / 031-955-8255~6
팩스 / 031-955-8254
창업일자 / 1968. 12 .24
등록일자 / 2001. 1. 10
등록번호 / 제406-313-2001-000005호

ISBN 89-7243-176-1 03920
잘못된 책은 바꾸어 드립니다.
「이 저서는 2001년도 성신여자대학교 학술연구조성비 지원에 의하여 연구되었음」

2001년

허영환의

중국문화유산기행

●

Ⅱ 화중지방 편

차 례

I. 시안(西安) 샨양(咸陽)의 문화유산 7

2. 난징(南京) 샹하이(上海)의 문화유산 113

중국 문화유산기행 Ⅱ

시안(西安)·샨양(咸陽)의 문화유산

1

1
시안스
(西安史 : 서안사)

　중국의 역사는 구석기시대부터 계산하면 150만 년이지만 문자로 기록한 역사시대는 4천 년 전인 하(夏 : 샤, 기원전 21세기−기원전 16세기)나라 때부터이다. 이 때부터 갑골문자와 금석문자 등으로 모든 일을 기록하기 시작하였고, 체계화된 한문자전이 출판된 것도 1천9백여 년 전 일이다. 즉 후한시대 허신(許愼)이 설문해자(說文解字, 1세기)라는 전 30권(약 1만 자 해설)의 자전이다. 하남성(河南省) 출신이었으니까 그도 중국문화(또는 화하문화·황하문화·화북문화)의 중심권에서 활동했던 사람이다. 12세기초 북송멸망 때까지 중국문화의 중심은 함양·장안(서안)·낙양·정주·변경(개봉) 등 황하유역의 도시, 다시 말하면 관중(關中)지역의 도시였음은 누구나 다 아는 바이다.

　그런데 이 도시들 가운데에서도 장안(서안)은 가장 크고 화려한 도시였고, 7세기에서 10세기까지 계속된 당나라(618−907)의 서울

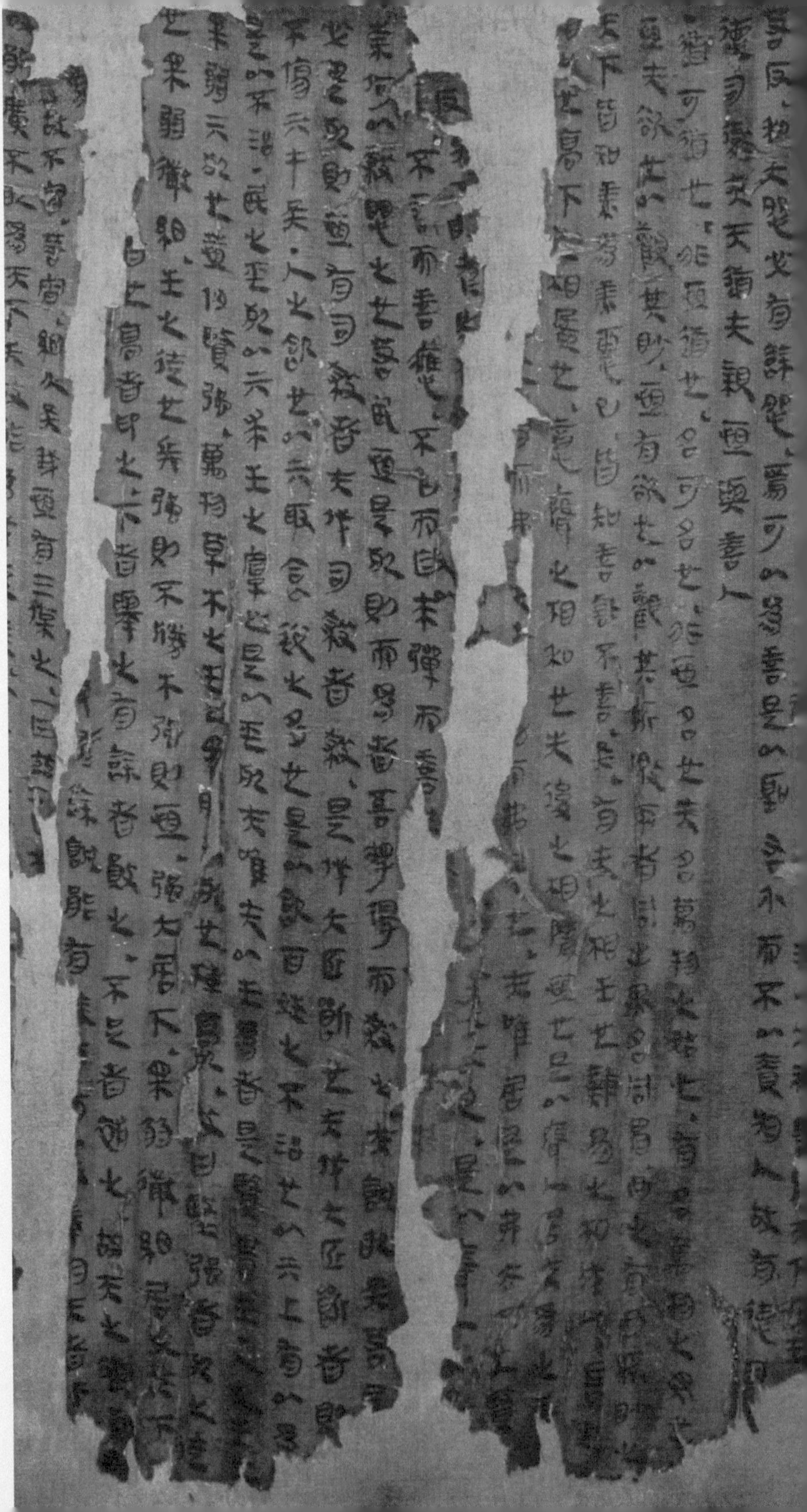

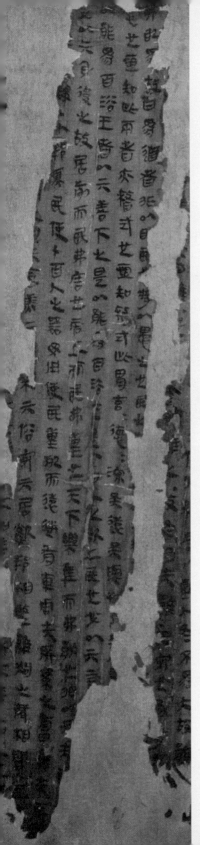

비단에 쓴 [노자](서한시대):서한시대에(기원전 206
~기원후 24)에 만들어진 마왕퇴 3호 묘에서 출토된
비단에 쓴 경전인 [노자]의 일부분, 이곳에서 [주역] 등
도 나왔다.

서안 시내의 종루(명시대):서안 시내의 중심지에 있는 이 종루는 명시대인 1582년
에 세운 것인데 3층 누각 형식의 중국 전통 건축물이다. 보존 상태가 좋다.

진시황릉(진시대):진시황제(재위 기원전 246~210)가 죽은 후 서안 동쪽 여산 아래에 만든 능이다. 38년 동안 70여만 명을 동원하여 만들었다.

장안은 중국의 중심이었고, 또 천하(세계)의 중심이었으며 ,실크로드의 기점이었다. 그 무렵 지구 서쪽인 유럽의 중심이 로마였다면 지구 동쪽인 아시아의 중심은 장안이었다는 얘기다. 그래서 어떤 역사학자는 아시아의 로마였다고 한다. 그만큼 크고 화려한 국제도시였다는 뜻일 것이다. 따라서 지금도 서안에 가면 시내의 중심에서 80km 이내에 주·진·한·당 등 1천1백여 년의 11황조의 역사유적과 문화유산이 지상과 지하에 엄청나게 남아 있다. 물론 박물관·미술관·사원·유적지·능도 많은데(약 1백 개소) 꼭 봐야 할 박물관도 10개나 된다. 즉 섬서역사·진시황병마용·서안비림·서안반파·함양·건릉·무릉·보계시·법문사·요주요박물관이다. 쉽게 말하면 이 10개 박물관을 5일 동안에 다 찾아가 본다면 서안의 역사와 문화유산은 어느 정도 알게 된다는 말이다.

　그러나 천년고도(古都) 서안사(西安史)를 간단하게나마 살펴볼 필요가 있다.

　고고학적인 발굴에 의하여 확인된 결과 섬서성(陝西省) 일대에서 사람이 살기 시작한 것은 약 80만 년 전인 남전인(藍田人)으로부터 비롯된다. 1963년 남전현에서 발굴된 유골에 의해 이 무렵 사람을 남전원인(藍田猿人)이라 했다. 지하 30m의 황토층에서 발굴되었다. 물론 1921년에는 앙소문화(仰韶文化)가, 1953년에는 반파문화(半坡文化)가 발굴되기도 하였다.

　서안 동쪽 교외에 있는 반파문화는 기원전 4천 년 신석기시대의 5만㎡에 이르는 취락문화인데 거주구·제도구(制陶區)·묘장구 등 3개구로 나눠져 있다. 철저한 모계취락사회인이었던 반파인들은 어렵과 수렵을 하면서도 농업사회로 진입하고 있었기 때문에 이곳에서는 각종 곡식의 종자와 농기구 등이 발굴되었다. 물론 이들은 소·말·양·오리 등 가축도 길렀다. 또 마포(麻布)로 만든 옷도 입고 살았다.

황하유역 가운데 가장 좋은 황토고원인 관중(關中)의 중심지라 할 서안은 이렇게 지리적·역사적·문화적 요인에 의하여 황토문명의 중심지가 되기도 하였다. 그리고 이 황토문명은 전형적인 농업문명·황제(黃帝)가 다스린 중화문화·가부장제종법사회(家父長制宗法社會)문화가 되었다. 이런 옛 모습은 서안 서쪽 함양에 있는 황토민속촌에 가보면 뚜렷이 볼 수 있다.

중국의 7대 고도(古都, 안양·서안·낙양·개봉·항주·남경·북경) 중에서도 주·진·한·수·당 등 11봉건왕조의 수도였던 서안은 반파유지로 보면 6천 년, 주(周) 건국으로부터 보면 3천 년의 역사를 지니고 있는 도시다. 그리고 11왕조의 수도였던 시기를 합하면 1천62년이 된다.(907년 당이 망할 때까지) 그러니까 그야말로 천년고도인 셈이다. 이렇게 해서 10세기초까지 서안은 자연환경·천연자원·수륙교통·문화전통 등에 의해 중국의 정치·경제·문화의 중심지가 되었다.

당나라가 망하고(907) 북송이 개봉을 수도로 정한 후(960)부터 서안을 중심으로 한 관중지역은 북송에 속했고, 서하(西夏)와 대치하는 전진기지(군사도시)가 되었지만 여전히 서역과의 국제무역을 하는 상업도시도 되었다.

북송과 남송 때의 서안은 여전히 국경도시였지만 원나라 때는 서

도금은호(당시대):섬서성 서안에서 출토된 도금무마문은호는 당시대(618~907) 만들어진 주전자다. 뛰는 말 모습이 생동감 넘친다.

16

역인들이 많이 몰려들어 살면서 동서문화를 활발히 교류시켰기 때문에 국제도시로서의 역할을 활발히 계속하였다. 그러나 명·청 두 시대에는 다시 국경군사도시 역할에 치중하게 되었다.

손문의 신해혁명 이후에는 서안에 있는 만주족 거주지인 만성(滿城)을 한인들이 공격하여 함락시켰고, 내전기간에는 서안출신의 두 장군(李虎臣·楊虎城)이 서안지역을 지배했다. 그리고 1936년 12월 12일에는 양호성·장학량(張學良)장군이 주도한 서안사변(장개석 납치사건)이 일어났고, 이 사건으로 국민당과 공산당의 세력판도가 뒤집혀 장개석의 국민당정부는 결국 1949년 12월에 대륙(본토)을 떠나 대만으로 철수하는 사태에 이르렀다. 이에 앞서 1949년

석조불좌상(당시대):당나라
영창원년(689)에 새긴 글이
있는 이 석조불좌상의 모습
은 7세기 후반 당나라 불상
양식을 잘 나타내고 있다.

5월 20일에는 서안이 해방되었고, 10월에는 공산당은 북경에서 중화인민공화국의 건국을 세계에 선포했다.

2000년 현재 섬서성 인구는 약 3천만 명이고, 서안시의 인구는 약 5백만 명이며, 한족·회족·만주족·몽고족·서장족 등 27개 민족이 어울려 이곳에서 살고 있다. 필자가 중국의 7대 고도를 여행한 경험에 의하면 서안의 가로망이 가장 잘 정비(동서와 남북의 큰 길 11노선이 직선으로 널찍널찍하게 뻗어 있다)되어 있었다. 이런 길은 당나라 때 이미 완성된 것이다. 서안은 지금 서부개발시대의 시발점이 되어 엄청난 속도로 변하고 있으며, 관광객도 1년에 1백만 명씩 찾아오고 있다. 老西安은 新西安으로 바뀌고 있다.

2
샨양스
(咸陽史 : 함양사)

　중국 최초의 통일제국이었던 진(秦, 기원전 221 - 기원전 206)의 황궁이 있었던 함양은 서안의 서쪽 25km지점에 있다. 일반적으로 중국 7대 고도(古都)에 드는 서안은 함양을 포함해서 말하고 있다. 현재 국제비행장의 위치가 함양에 있으면서도 서안·함양비행장(西安咸陽機場)으로 부르고 있는 것만 보아도 그 이유를 알 수 있다.

　중국 속담에 「강남에서는 재주꾼이 나오고, 산동에서는 장군이 나오며, 함양에는 황상(皇上)이 묻혀 있다」는 말이 있듯이 함양 북쪽 넓은 황토벌에는 서한시대의 9개 능과 당시대의 헌릉(고조 이연) 소릉(태종 이세민) 건릉(고종과 무측천의 합장) 등이 있다. 그만큼 많은 왕후장상과 명사들의 무덤이 여기저기에 흩어져 있어 함양의 역사를 말해주고 있다.

　함양이 진나라 도성(都城)이 된 것은 6국을 통일하기 전인 130년 전, 즉 기원전 350년(진 효공12)부터이다. 그러니까 함양은 지금으

상양뢰(당시대):상(은)시대(기원전 16세기～기원전 11
세기) 후기에 만들어진 이 짐승 얼굴에 세 양의 머리
를 장식한 술그릇(주기)은 잘 만들어진 청동기이다.

뇌문정(서주시대):서주시대
(기원전 11세기～기원전 771)
전기에 만들어진 이 짐승 얼
굴에 번개무늬(뇌문)를 장식
한 밥그릇(식기)은 섬서성에
서 출토되었다.

장신궁등(서한시대):서한시대(기원전 206~ 기원후
24)에 만들어진 사람이 들고 있는 이 등에는 장신궁
(오랜 믿음의 궁궐)이라는 글자가 씌어져 있다.

로부터 2천3백50년 전에 이미 왕도(王都)가 된 것이다. 따라서 함양
은 그 자체가 역사 유물이 풍부한 천연역사박물관인 셈이다.

　관중을 차지한 진나라는 부국강병책을 쓰면서 엄격한 법치주의를
시행했기 때문에 천하를 통일할 수 있었고 함양을 144년간(기원전
350 – 기원전 206) 장대화려한 도시로 발전시킬 수 있었다. 선진시
대는 볼 수 없었던 규모의 궁궐과 저택, 사통팔달하는 가로망, 도시
인구의 증가 등이 이뤄졌다. 진제국과 함양의 흥망성쇠과정을 4단

함양 건릉(당시대):당 고종황제(628~683)와 황후 무측천의 합장릉인 건릉은 함양에 있는데 돌로 만든 석마의 크기는 길이가 2.4m나 된다.

계로 나눠 살펴보면 다음과 같다.

초창기는 진 효공 12년부터 24년까지 12년간(기원전 350 - 기원전 338)이다. 효공은 상앙(商鞅)을 기용하여 변법으로 정치개혁을 단행하였고, 대외적으로는 원교근공책을 썼다. 영토도 확장하여 함양을 수도로 정하였다.

발전기는 혜문왕 원년부터 장양왕 때까지 5왕 90년간(기원전 337 - 기원전 247)이다. 군사대국이 된 진나라에는 1백만 명의 보병, 1천 대의 전차, 1만 마리의 말 등을 갖췄고, 위하(渭河)를 중심으로 옥야천리(沃野千里)도 확보했다.

정성기(鼎盛期)는 13세에 왕위에 올라 39세 때 천하를 통일하고 50세 때 병사한 진시황 재위 37년간(기원전 246 - 기원전 210)이다. 영토도 가장 넓었고 국위는 서방세계까지 떨치게 되었다. 진시황은 마케도니아제국의 알렉산더대왕(기원전 356 - 기원전 323)이 서방세계를 호령하다가 33세의 젊은 나이로 원정길에 죽은 것에 비유되기도 하였다. 진나라의 호화로움은 아방궁(阿房宮)으로 대표되었다. 함양은 시중구·근교·원교로 구분되어 번창의 정점에 이르렀다.

쇠패기(衰敗期)는 진시황 사후 조고(趙高)와 진2세의 음모에 의해 멸망의 길로 접어든 때인데 항우(項羽)가 함양에 쳐들어와 약탈과 방화로 폐허화한 때이다. 불과 3년간(기원전 209 - 206)이다. 이로써 140여 년간 계속한 함양의 번성과 영화도 종말을 보게 되었다.

함양의 최성기 구역은 오늘날의 함양시 위성구(渭城區)와 진도구(秦都區), 서안시 서교(西郊) 북교(北郊) 동교(東郊)가 포함된다. 따라서 진나라 때의 장안은 곧 함양이었고, 애초의 장안은 함양의 위하 남쪽에 있는 하나의 향(鄕)에 불과했다. 즉 함양은 장안보다 더 큰 도시였다. 그러나 한 고조 6년(기원전 201)에 함양은 신성현(新城縣)이 되었고 다음해(기원전 200)에는 장안에 편입되고 말았다. 역사와 권력의 무상함을 보여주었다.

다시 말하면 함양은 주도(周都)의 풍요로움을 계승하여 발전된 도시였고, 한도(漢都)의 전신(前身)으로서의 모범을 보여준 도시였다.

당초문팔릉경(당시대):청동첨은제의
이 거울은 짐승과 풀 등의 무늬로 장식
을 했으며, 여덟 꽃잎(팔릉) 모양으로
만들었다. 당시대 9세기 제품이다.

따라서 함양은 사전도시사(史前都市史) 연구에 귀중한 곳이 되었다. 또 5보1루·10보1각 이라는 말을 듣고, 아방궁과 함양궁의 호화로움을 자랑하던 함양처럼 허무하게 역사의 지평에서 사라진 도시도 드물게 되었다.

현재 발굴과 조사가 진행되고 있는 함양시·서안시·임동현·건능현·진함양·한장안 등의 지역과 위하와 경수(涇水)유역에서는 함양도시사를 체계적으로 연구할 수 있는 유지와 유물이 계속 출토되고 있다.

필자가 현지방문을 통해 확인한 결과 오늘의 함양은 버젓한 관광호텔 하나 없는 작은 도시가 되어 있었다.

3
시안쓰비엔팅
(西安事變廳 : 서안사변청)

　필자는 어렸을 때부터 자연과학보다는 인문사회과학, 특히 역사학과 지리학을 좋아했기 때문에 지금도 한국역사나 세계역사에서 중요한 사건의 연대와 내용은 기억하고 있으며, 또 흑판에 지도를 그리면서 가르치기를 좋아한다.

　역사의 진로는 인간의 힘으로 바꾸기가 쉽지 않지만 대개의 경우 치밀한 계획과 과감한 실천으로 바뀔 때가 있다고 믿는 필자는 중국역사에서도 그렇다고 확신한다. 유구한 중국역사 가운데 진로를 바꾸게 한 사건과 사변은 수없이 많이 있지만 20세기 중국역사의 방향을 바꾸게 한 사건이나 사변을 한 가지만 든다면 필자는 1936년 12월 12일 새벽, 중국 서북부의 역사도시 서안에서 일어난 국민당과 공산당 사이에 일어난 서안사변을 들겠다.

　서안사변은 그만큼 큰 사변으로 1921년 7월 창당(創黨)이래 15년간 양자강을 중심으로 한 화중(華中)지역에서 국민당군과 권력투쟁

西安事变厅 参观券

서안사변청 입장권:서안의 동쪽 임동에 있는 이 서안
사변청은 서안 임동 납상관이라고도 한다. 서안사변
(1936년 12월 12일)의 모습을 재현해 놓은 곳이다.

을 하다가 정강산(井崗山) 소비에트구를 탈출하여 서북의 연안(延
安) 토굴 속에서 겨우 연명을 하던 모택동(毛澤東)의 공산당군은 완
전히 회생되고, 또 그로부터 13년 후(1949년 10월 1일)에는 전 중국
을 장악하고 중화인민공화국을 건국하게 되는 계기(역사의 진로를
바꾼)가 되었다.

이 서안사변에 관한 논문과 저서는 수백 편·수십 권이 되는데 당
사자이며 패배자였던 장개석(蔣介石·쟝지에쓰)이 쓴〔중국에서의
소련(蘇俄在中國)〕이라는 책도 있다.

어떻든 서안사변의 내용은 대략 다음과 같다.

1934년 겨울 정강산을 탈출한 공산군은 1935년 1월 준의회의에
서 모택동을 대표로 뽑았으나 계속 장개석의 국민당군에 쫓겨 거의
1년 만에 서북지역의 연안까지 철수했다. 1만km나 되는 장정 결과
는 공산당을 궤멸상태로까지 몰고 갔다. 장개석은 공산당의 휴전

(국공내전의 종식)제의(1935년 8월)를 거부하고 홍군(공산군)을 완전 섬멸하기 위해 서북군사령관 양호성과 동북군사령관 장학량에게 전투를 계속하도록 명령했다. 그러나 이 두 사령관은 중국내륙을 침공하고 있는 일본군과의 전투를 먼저 바라면서 움직이지 않았다. 여기에는 공산군의 심리전과 선전공작도 작용했다.

사태가 이렇게 되자 장개석은 남경으로부터 서안으로 와서 두 장군에게 전투를 격려했다. 그러나 1936년 12월 12일 새벽 6시, 장학량 군대는 서안 동쪽 휴양지(화청지)에 머물고 있는 자기들의 상관이며 남경정부의 총통인 장개석을 납치했다. 그리고 연안에서 급히 온 공산당의 주은래 등과 삼각협상을 벌여 내전종식·공산당인정·국공합작·민족통일전선결성 등에 합의했다. 평화적 해결이었다. 그래서 이 사건을 중국역사에서는 서안사변이라 하게 되었다.

이 협상결과로 홍군은 신사군을 국민군에게 편입시켰고, 공산당의 항일정부는 공인되었으며, 각 지역에 해방구가 생기게 되었다. 또 체포된 장학량은 그로부터 50년간의 구금생활이 시작되었고, 양호성은 1949년 11월 중경에서 사살되었다. 장학량은 103세(2001년 현재)로 아직도 살아 있으며(미국 체류), 신중국(중화인민공화국)의 영웅으로 추앙되고 있다.

서안의 동쪽 임동서화원에 있는 서안사변청은 이 서안사변의 경과를 보여주는 곳인데 그 때의 인물들(장개석·모택동·송미령·장학량·주은래·양호성 등)을 실물크기로 만들어 방마다 전시했다. 즉 1936년 4월 장학량과 주은래가 연안에서 만나 회담하는 장면, 장개석이 부하 장령들에게 명령하는 장면, 공산당이 평화적으

장학량 공관:서안사변을 일으킨 주인공 중의 한 사람인 장학량(1898～생존)이 살던 집(서안시 건국로 소재)으로 지금은 서안사변기념관이 되었다.

최후의 담판:서안사변의 마지막 담판은 장학량 공관에서 평화적으로 해결되었다. 시계 옆에 서 있는 사람은 공산당 대표였던 주은래이다. 물론 밀랍상이다.

로 해결하자고 결의하는 장면, 1936년 12월 24일 완전합의하는 장면 등 15개 장면을 재현 전시했다. 모두 1백20여 명이 실물 그대로 잘 만들어졌다. 각 방을 한 바퀴 돌면서 설명을 듣고 보면 서안사변의 내용을 잘 알게 된다.

또 이 서안사변청 외에 서안시 건국로에는 서안사변기념관(전 장학량 공관)도 있다. 이곳엔 장학량과 양호성이 사용하던 유물(옷·책·서류·무기·망원경·생활용품 등)이 전시되어 있다.

┌─────────────────────────────────────┐

참고

주소 : 서안시 임동현 서화원

전화 : 09237-313418

우편번호 : 710600

입장료 : 15원

휴관 : 연중무휴

└─────────────────────────────────────┘

4
린똥뽀우꽌
(臨潼博物館 : 임동박물관)

서안 시내에서 동쪽에 있는 문화유산을 찾아가 보는 순서는 대개 반파박물관·서안사변청·화청지·임동박물관·진시황릉·진릉지궁·진용박물관 등으로 한다. 아침 일찍 8시부터 보기 시작해도 오후 5시까지 다 보기 힘들 정도다.

임동박물관은 임동현의 동남쪽 여산의 북쪽에 있는 현립박물관이지만 전통건축양식의 건물도 볼 만하고 1만여 점의 소장유물도 좋은 곳이다. 중요한 유물은 석기시대 앙소문화기의 도기·대형석기·서주시대의 청동기·진대의 도제마와 병마용·한대의 채회남녀시용·당대의 채회용과 금관·은곽·석가여래사리보장 등이라 하겠다.

필자가 살펴본 4개 진열실·1개 비랑·1개 명묘보호실의 내용은 대략 다음과 같았다.

주진예술실 : 주대와 진대유물 311점을 진열했다. 서주시대의 청

임동박물관 입장권:서안에서 진시황릉으로 가는 길에 있는 임동박물관은 규모는 작아도 귀중한 유물이 많다. 4개의 진열실과 1개의 비랑이 있다.

동병기·청동거마기·청동공구·청동악기 등과, 진대의 전돌과 기와·각석·채외병마용 등이었는데 모두 오래 되었으면서도 생동감이 넘쳤다.

당대불교예술실 : 성당시대의 불교예술품 584점을 진열했다. 금관·은곽·사리보장 등이 있었는데 완벽하면서도 호화로웠다.

도용예술실 : 진·한·당·원시대의 도용(도제인형)과 도제동물이 있었다.

자기예술실 : 명·청시대의 청화자기·유리홍자기·오채자기 등이 있었는데 일본과 러시아 자기도 있었다.

비랑 : 북조시대부터 근대까지의 비석이 많았다.

이상의 모든 유물은 이 지방에서 출토된 유물이어서 지방특성이 강했다.

이 박물관은 진시황릉·진용박물관·화청지 등이 가까이 있어서

금관(당시대):당시대(618~907)의 절인 경산사에서 출토된 불교 유물이다. 진주·
캣츠아이(고양이 눈 보석)·비취 등으로 장식한 관(棺)인데 무게는 315g.

국내외 저명인사들(강택민주석·엘리자베스여왕 등)도 많이 찾아
왔다.

메모

주소 : 서안시 임동현	
전화 : 0293812071	
우편번호 : 710600	
입장료 : 20원	
휴관 : 연중무휴	

은곽(당시대):경산사에서 1985년에 금관과 함께 출토된 은곽으로 무게는 854g이다. 보석·수정·마노·진주 등으로 화려하게 장식한 작은 관곽이다.

5
친링띠꿍

(秦陵地宮 : 진릉지궁)

주나라(동주)가 분열되어 약 3백 년간(기원전770-476)의 춘추시대가 일어난 후 서로 싸우던 전국시대는 250여 년간(기원전 475-221) 계속되었다. 이 전국시대에 종지부를 찍고 천하를 통일한 나라가 진나라(기원전 221-206)이고 최초의 황제가 된 사람이 진시황이다. 그는 황제가 되기 전부터 죽은 후까지 38년 동안 70여만 명을 동원하여 자기의 무덤(진시황릉)과 그 옆(1.5km동쪽)에 병마용갱(진용박물관)을 만들었다. 현재까지의 중국고고학과 발굴기술을 동원하여 찾아낸 것은 병마용갱의 1·2·3호갱이고 그 현장에 박물관을 세운 수준이다. 물론 그 유물과 시설은 세계적 수준이다. 세계8대 기적이라 할 만하다.

그러나 사람들은 진시황제릉의 내부(지하)는 어떻게 생겼을까·입구길(연도)과 벽은 어떨까·시체는 어떤 모습으로 안치되었을까 등이 궁금하다. 위성탐사를 통해 대강의 모습은 짐작하지만 확실한

것은 모른다. 이런 궁금증에 해답을 주고자 한 것이 진릉지하궁전
전람관(진릉지궁)이다. 유적이 아니라 관광지였지만 필자는 들어가
봤다.

　진시황릉 서쪽땅 1만6천6백여㎡에 자리잡았는데 건축면적은 4천
5백㎡였고 높이는 25m였다(지하 8.7m 포함). 그러니까 지상 16m
와 지하층으로 나눴다. 기기묘묘하고 조금은 으시시한(무서운) 지
하층을 보고 경사진 지하층 입구 연도를 따라 내려가면 더 무섭다.
길은 좁았다 넓었다 하고 냄새가 나며 여기저기에 귀신 모양의 인
물들이 많기 때문이다. 휘황찬란한 빛과 채색, 웅장한 능원, 개미굴
같은 지하도 등은 정말 천고지미(千古之迷) 같다. 2천 년 전의 삼천
(三泉) · 동곽(銅槨), 백관(百官) · 수은천(水銀川) · 인어등(人魚
燈) · 일월성신(日月星辰)이 눈길을 끌었다.

진릉지궁 입장권:진시황릉의 지하는 어떻게 생겼을까라는
궁금증을 풀어주는 이 진릉 지하궁전은 기기묘묘하고 으시
시한 곳이지만 언제나 관람객으로 넘친다.

중국문화유산기행 ●Ⅱ

진시황제릉(진시대):진시황제릉의 크기는 다른 황제들의 능보다는 작은 편이다. 지하의 모습은 위성촬영으로 거의 다 밝혀졌다.

진릉지궁 현실:진시황제의 시체가 있는
현실의 모습을 상상으로 재현한 것인데 지
하 8m 아래에 있다. 많은 남녀의 신하가
절을 하고 있다.

특히 지하궁전의 한가운데에 있는 관곽과 그 주위의 신하와 시녀들의 모습은 신비감이 넘쳤다. 조명시설과 내부장식(전부 모형이지만)은 눈부셨다. 오묘하고 흥미진진하였다. 출구로 나오면서 뒤돌아보면 지상의 건물(진대 궁궐양식)들은 더 신비로워 보였다. 중국인들은 이렇게 잘 만들어놓고 관광객의 주머니를 터는 것이었다.

이런 것에 비하면 우리 한국의 관광명소는 너무나 규모가 작고, 단순하고, 변화가 부족하여 외국관광객을 불러들이기에는 모자라는 점이 많다고 생각한다.

메 모
주소 : 서안시 임동현 진릉북로
전화 : 029-3812415
우편번호 : 747500
입장료 : 15원
휴관 : 연중무휴

6
친용뽀우꽌
(秦俑博物館 : 진용박물관)

1974년 3월 서안시 임동현 진릉진에 있는 진시황릉 병마용갱이 발견된 후 지금까지 약 30년간 세계인의 이목을 끌고, 수많은 관람객이 모여들고, 엄청난 보고서와 관계문헌이 출판된 것을 보면 정말 세계의 기적이며 세계의 문화유산이라 하지 않을 수 없다.

필자도 이 진용박물관을 두 번 가서 다섯 시간동안 살펴보았고, 네 권의 책과 도록을 보았다. 2백자 원고지 10장 정도의 이 글을 쓰기 위해서 엄청난 투자(시간과 경비)를 한 셈이다.

중국에서 병마용갱(흙으로 빚어 만든 병사와 말이 묻혀 있는 구덩이)이 발견된 이 후, 취한 일을 순서대로 보면 다음과 같다.

1974년 3월 : 한 농민이 진시황릉 제1호 병마용갱 발견

1974년 7월 : 섬서성혁명위원회에서 진시황릉 병마용갱 고고발굴대 성립.

1975년 12월 : 진시황병마용박물관 주건처 성립

진용1호 갱:진시황병마용 제1호갱의 모습이다. 축구장보다 넓다. 동서 230m, 남북 72m, 높이 22m다. 여기서 도용 6천여 점이 발굴되었다.

1976년 : 진용박물관 시공현장 지휘부 성립

1978년 6월 : 진시황 병마용박물관 주비처 성립. 개관준비 착수.

1979년 10월 : 진용박물관 건립개관. 부지면적 20만㎡, 건축면적 5만6천㎡, 1호갱 전시관면적 1만5천㎡, 2호갱 전시관면적 1만7천 ㎡, 3호갱 1천7백㎡.

물론 2·3호갱 전시관은 80년대에 순서대로 만든 봉폐식 건축물이다.

1호갱 전시관은 잘 알고 있는 바와 같이 동서 길이 230m, 남북길이 72m, 높이 22m로서 축구장보다 더 크며 천장은 철근구조의 돔

1호 동차마 :1980년 12월 진시황릉의 양쪽을 시굴할 때 발굴된 이 구리로 만든 마차의 길이는 225㎝이다. 무게는 1.06㎏이다.

형이다. 채광은 자연채광이다. 1호갱에서 출토된 유물은 도용 6천여점 · 도마 180여 필 · 목제전차 40점 등이다.

　이곳 진용박물관에 있는 4개 전시관을 살펴보기 전에 먼저, 파노라마식으로 발굴과정과 전시관 내용을 설명하는 영화관에서 10분간 영화를 봐야 한다. 그래야 내용물에 대한 이해가 쉽다. 그런 후 바로 옆 건물 안 1호갱 전시관으로 가면 된다.

　도용의 키는 약 1.8m, 도마의 높이는 1.5m, 키는 2m이다. 도용은 거의 다 보병인데 3열 횡대로 서 있으며 1열에 70인씩이다. 그들 앞에는 전차와 도마가 있다. 모두 사실적으로 만들어 생동감이 넘

42

2.호 동차 마:중국에서는 동차매(동마차가 아님)라고 하는데 전체의 길이가 317㎝나 된다. 무게는 1.24㎏. 정확하고 정밀하게 만든 2천 년 전 제품이다.

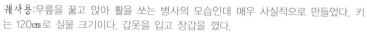

궤사용:무릎을 꿇고 앉아 활을 쏘는 병사의 모습인데 매우 사실적으로 만들었다. 키는 120㎝로 실물 크기이다. 갑옷을 입고 장갑을 꼈다.

무사용:진시황릉의 동쪽 지하에서 발굴한 것인데 갑옷을 입은 무사다. 키는 1.7m인데 갑옷이 특이하다. 역시 섭씨 800도 정도로 구운 것이다.

무사용(상반신):진시황 병마용갱에서 출토된 무사용의 상반
신인데 머리 모양(발양·헤어스타일)이 다르고 조각기법이
우수하다.

3호갱 북상방：동서 17.6m, 남북 21.4m의 3호갱은 지휘부라고 할 수 있는 곳이다. 말·병사·전차(없어짐) 등이 있고, 머리가 없는 병사도 있다.

친다. 발굴현장을 한 바퀴 돌면서 보고, 또 남쪽 진열장 안의 유물들을 보면 마치 천군만마가 달려오는 듯한 감동을 받게 된다.

1호갱 전시관 옆 건물인 2호갱 전시관(정식명칭은 진용2호 병마용갱 전청)은 동서길이 124m, 남북길이 58m, 총면적 6천㎡로서 출토보병용 596점, 목질전차 87점, 전차병 216점, 도마 356점, 기사 116점, 안마 16점 등이 전시되어 있다. 물론 이곳도 발굴현장 위에 전시관을 지은 유지박물관(관폐식 양식건물)이다. 완벽한 시설과 유물이 부러웠다.

3호갱 전시관은 2호갱 전시관과 더 떨어져 있는데 동서길이 17.6m, 남북길이 21.4m, 총면적 520㎡이다. 도용 68점, 전차 1점, 도마 4점 등이 있다. 2호갱을 기병부대라면 3호갱은 지휘부라 할 수 있다.

동차마 전시관은 두 대의 동차마를 전시하고 있는데 이 청동제 네 마리 말과 수레는 1980년 12월 진시황릉의 양쪽을 시굴할 때 발굴된 것이다. 물론 동차마는 진시황이 생전에 타고 다니던 것을 그대로 축소해서(2분의 1) 만든 것이다. 그리고 이 동차마는 지금까지 중국에서 발굴된 것 가운데 제일 완벽하고 잘 만든 것으로 평가되고 있다. 2천여 년 전에 이렇게 정확 정밀 우미한 수레를 만들 수 있었던 과학기술과 예술(공예·조소·회화 등)에 놀라움을 나타내지 않을 수 없었다.

진용박물관의 넓은 구내에는 전시관 외에 기념품상점·식당·복제품상점·서점·관리사무소 등이 있고 입구 앞에도 수많은 상점과 넓은 주차장이 여러 곳에 있다. 연평균 3백만 명(개관 후 20년 동안 3천만 명)의 관광객이 몰려오고 있는 모습이 너무나 부러웠다.

진용박물관에 근무하는 직원은 수백명인데 전문기술요원만도 130명이나 된다. 또 국내외서 여러 차례 순회전을 열었는데 2001년 1월에는 대만의 역사박물관에서도 열렸다. 관람객으로 인산인해를 이루고 있는 모습을 나는 직접 목격했다.

메모

주소 : 서안시 임동현 진릉진
전화 : 029-3911961
우편번호 : 710600
입장료 : 50원
휴관 : 연중무휴

7

샨양뽀우꽌

(咸陽博物館 : 함양박물관)

앞에서도 말했지만 서안시에서는 동쪽에 있는 박물관이나 유적지·서쪽에 있는 것·시내에 있는 것으로 구분한다. 시내에 있는 것은 종루·서안사변기념관·비림·소안탑·대안탑·역사박물관·동악묘·청용사·당대명궁유지, 동쪽에 있는 것은 반파박물

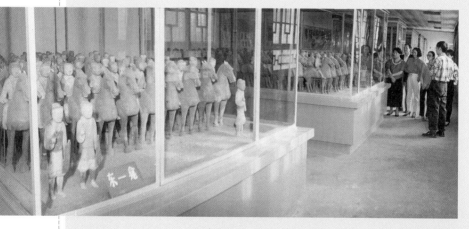

함양박물관 병마용 진열실:서한시대의 병마용은 그보다 앞선 진시대의 병마용보다 작다. 40㎝ 전후의 병마용 수백 개를 진열장에 전시하고 있다.

관·화청지(화청궁유지)·진시황릉·임동박물관·진용박물관, 서쪽에 있는 것은 아방궁유지·진함양유지·한무제무릉·양귀비묘·당태종소릉·소릉박물관·황토민속촌·당고종건릉·건릉박물관·의덕태자묘박물관·법문사 등이다. 이렇게 많은 곳을 제대로 보려면 최소한 열흘은 있어야 한다.

함양 시내의 옛 공묘를 개조한 함양박물관에는 진·한·당 등 11개 왕조의 유물(1만2천여 점)이 소장 전시되어 있다. 진열실은 진역사문물실·서한제릉문물실·한병마용실 등 6개가 있다.

제1진열실에서 제3진열실까지는 진함양 역사문물을 진열하고 있다.

제1진열실의 주요내용은 상앙변법과 통일육국에 관한 것인데 상앙의 방승, 명문이 있는 동종, 동정·철제농기구·통일전쟁 중 사용한 병기(동과·동검·동격·동모 등), 동무사두상·안읍하관종·수무부배 등이다.

제2진열실의 주요내용은 진나라의 함양궁궐 가운데 제1호 궁전유지에서 출토된 건축자료·함양궁전분포모형 등이다. 진나라는 기원전 350년에 서울을 함양으로 옮겨왔기 때문에 144년간이나 함양을 발전시킨 셈이다. 이 때의 궁궐에는 함양궁·난지궁·신궁·망아궁·감천궁·아방궁 등이 즐비했다.

제3진열실의 주요내용은 진의 경제발전과 문화번영을 보여주는 유물들인데 동권·철권·도권 등의 도량형기, 위·초·제 등 육국의 화폐, 통일 후의 각종화폐·문자·도량형기 등이다. 또 장성을 쌓고 수리사업을 일으키고 법률제도를 완비한 것 등도 보여주고 있다.

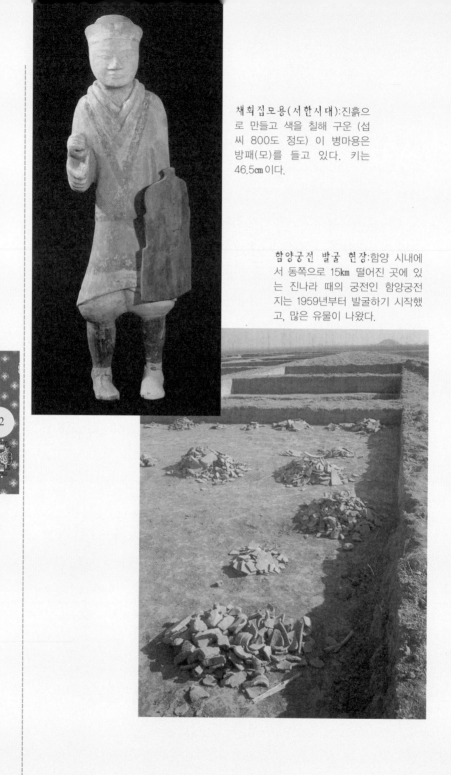

채회집모용(서한시대):진흙으로 만들고 색을 칠해 구운 (섭씨 800도 정도) 이 병마용은 방패(모)를 들고 있다. 키는 46.5cm이다.

함양궁전 발굴 현장:함양 시내에서 동쪽으로 15km 떨어진 곳에 있는 진나라 때의 궁전인 함양궁전지는 1959년부터 발굴하기 시작했고, 많은 유물이 나왔다.

꽃무늬 금항아리(당시대):각화적금호(꽃무늬를 조각한 금항아리)인데 함양에서 출토된 함양박물관의 귀중유물이다. 높이 22㎝, 밑지름 6.6㎝ 무게 796g.

銅力士頭像
秦（公元前221～公元前206年）
高10.2 寬7.5厘米
出土於陝西咸陽

동역사두상(진시대):진시대(기원전 221~기원전 206)에 구리로 만든 힘센 사나이(역사)의 머리 모습이다. 함양에서 출토되었고, 높이는 10㎝다.

제4진열실은 서한 황제들의 무덤에서 출토된 유물로 차 있다. 이 것들은 한나라가 진나라의 제도를 계승하고 중앙집권제를 견고히 했음을 보여준다. 또 수공업·농업·목축업·과학기술 등이 계속 발전했음도 보여준다.

제5·6진열실은 양가만한묘에서 출토된 3천 병마용을 주로 전시했다. 1965년에 발굴이 완료된 양가만한묘에서는 크기는 작지만 채회도보병용 1천9백65점, 채회도기병용 5백83점 등 3천 점의 채색도용이 출토되었다. 그래서 이 진열실에는 발굴 당시의 모습대로 진열했다. 기마용의 말은 크고 작고 두 종류이고, 색은 흑·홍·자·황색 등으로 칠했다.

도보용은 무사용이 대부분이지만 무용·주악·지휘 등 여러 자세가 있다. 색은 홍·녹·황·백색 등으로 칠했다. 이들은 모두 서한 초기의 군사편제·조소예술·봉건귀족 매장제도·인물복식 등을 연구하는 실물자료가 되고 있다. 물론 이 도용들은 이보다 1백여 년 앞서 만들어진 진황도용들보다는 크기도 훨씬 작고 규모도 작은 것이 사실이다.

이 함양박물관에는 서한시대의 옥제품(옥말·옥곰·옥벽사·옥독수리 등)이 많은 것도 특색이다. 특히 당나라 때의 각화적금호(붉은 색을 띠는 금항아리인데 겉을 당초문·연꽃문·조문 등으로 화려하게 양각했다)는 크기도 하고(높이22cm, 밑지름 6.6cm) 당당하여 눈길을 끌었다. 그러나 내부구조와 진열장, 진열방법 등은 구태의연하여 실망스러웠다.

```
┌─────────── 요 령 ───────────┐
│ 주소 : 함양시 중산가 53호      │
│ 전화 :                        │
│ 우편번호 : 712000             │
│ 입장료 : 15원                 │
│ 휴관 : 월요일                  │
└──────────────────────────────┘
```

<u>8</u>
마오링뽀우꽌
(茂陵博物館 : 무릉박물관)

　중국은 황제의 능이나 도자기 가마터를 발굴하면 그 현장이나 가까운 곳에 박물관을 세우는 경우가 많다. 또 고고학이 미술사학보다 훨씬 발달하였기 때문에, 그리고 고고유물(출토품)이 풍부하기 때문에 그런 현장(유지) 박물관의 규모도 크고 내용도 풍부하여 볼거리가 많다.

　특히 서안과 함양일대는 타지역보다 그런 곳이 많고 황릉에서 출토된 유물을 전시하는 박물관이 많다. 무릉박물관도 그 가운데 하나다. 무릉박물관은 다른 박물관과는 달리 유물이 출토된 곳은 흥평현이기 때문에 소속은 흥평시 문화국이고, 박물관 위치는 함양시이기 때문에 관리는 함양시 문물관리국에서 한다. 이 무릉박물관은 1979년에 개관했다. 부지는 5만㎡이고 건축면적은 7천6백㎡다. 건축양식은 한대 목조건축양식을 따랐다. 건물의 대칭미와 중앙정원도 옛날대로여서 아름답다.

무릉박물관 입장권:5만㎡의 대지에 중국 전통양식의 건물과 정원을 갖추고 1979년
에 개관한 무릉박물관은 환경도 좋고 유물도 좋은 고고미술박물관이다.

무릉박물관 중앙정원:궁중의 정원 양식을 재현한 이 정원은 중국에 있는 박물관 가
운데서도 가장 아름다운 곳으로 동서 두 곳에 있는 정원과도 잘 어울린다.

무릉박물관 석마 앞에서의 필자:2000년 8월 8
일 두번째 찾아가서 마음 편하게 관람한 후 2천 년이나 된 돌
말(석마) 앞에서 사진을 찍었다.

청옥 짐승머리(서한시대):서한시대 푸른 옥
으로 만든 짐승머리. 높이 34㎝, 폭 36㎝, 두
께 15㎝인데 귀신 쫓는데 썼다(벽사용).

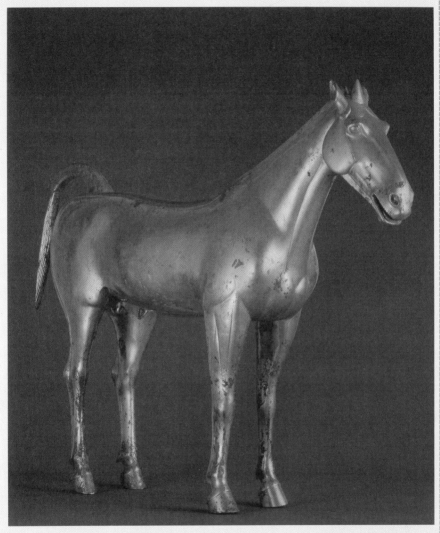

도금동마(서한시대):구리로 만들고 금을 도금한 이 말은 높이 62㎝·길이76㎝로
무릉(서한 무제의 능) 구역에서 출토되었다. 서역말이다.

전시관은 동서 두 곳에 있는데 동쪽 전시관에는 양신묘에서 출토된 유물을 전시했고, 서쪽 전시관은 서한시대의 역사문물을 기본으로 하여 진열했다. 전시품은 320여 점이지만 진귀한 것이 많다. 즉 대형청옥포수·서한동루호·도금마·사신화상전·백옥저 등이 유명하다.

곽거병묘의 한대 대형석각 16점도 중요한 전시품인데 한나라 때 석각예술 연구에 아주 귀중한 것이다.

이 박물관에 소장되어 있는 3천5백여 점의 유물은 대부분이 서한 전기의 유물이며 또 거의 다 명기(부장품)다. 따라서 당시 무릉일대에서 살던 귀족들의 생활용구를 연구하고 나아가 생활상과 공예수준을 아는데 큰 도움이 된다. 특히 대형도제수도관·공심화문전·와당 등은 이곳에서만 볼 수 있는 유물이다.

서한(전한)시대의 무서운 황제였던 무제(武帝 : 한반도에 사군까지 두었던)의 무덤에서 출토된 유물을 보고 나오는 필자는 이상한 감회에 젖기도 하였다.

모 메		
주소 : 함양 무릉 옆		
전화 :		
우편번호 : 713100		
입장료 : 20원		
휴관 : 연중무휴		

엎드린 호랑이(서한시대):서한 무제의 충신 곽거병 묘
앞에 있는 16점의 석각예술품 중의 하나인 이 돌호랑이
는 2천 년이나 되었는데도 무섭다.

9

이떠타이즈무뽀우관

(懿德太子墓博物館 : 의덕태자묘박물관)

의덕태자묘박물관은 건릉의덕태자묘박물관이라고도 하고 건릉박물관이라고도 한다. 중국의 박물관 관계도서에는 건릉박물관이라고 되어 있지만 현지박물관의 입장권에는 의덕태자묘문표, 안내서에는 섬서건릉의덕태자묘박물관으로 되어 있다. 그래서 필자도 건릉박물관이라 하지 않고 의덕태자묘박물관이라 하였다.

이 박물관에서 관할하는 능묘는 건릉(당고종릉)과 고종의 손자와 손녀들의 묘인 장회태자묘·의덕태자묘·영태공주묘 등 4개처이다. 따라서 이 박물관에 소장되어 있는 유물은 이 네 곳에서 출토된 것들이 대부분이지만 당나라 능 중의 18릉에서 출토된 것들도 있다. 또 복제하여 전시한 벽화와 선각화도 볼 수 있고 출토품인 당삼채기(113점)도 많이 볼 수 있다. 진열실은 두 곳에 있고 유물도 다양하다.

이 박물관의 소장품은 모두 3천1백여 점이고, 부지면적은 3만6천

의덕태자묘박물관 입장권:박물관 입장권도 박물관마다 달라서 좋은 수집품이 된다.
이곳 입장권은 중국 박물관 중에서 제일 크다(20×10.5㎝).

駿挺雄渾惊天地(The Stone Lion)

돌사자(당시대):7세
기 말엽에 만들어진
이 돌사자는 의덕태
자묘 앞에서 옮겨와
이곳 박물관 동쪽에
무서운 모습으로 앉
아 있다.

의덕태자묘박물관 전경:무릉박물관처럼 정원이 시원스러운 이 박물관은 3만6천여
㎡ 대지에 세웠는데(1996) 4개의 진열실, 1개의 석각실, 묘도 등이 있다.

65

66

삼채기마용(당시대):당시대(618～907) 특히 8,9세기에는 삼채기와 삼채용을 많이 만들었는데 이 말 탄 인물상(높이35㎝·길이29㎝)은 명품이다.

彩繪騎馬樂俑
唐（公元618－907年）
高34 長29.5厘米
出土於乾陵懿德太子墓

채화기마악용(당시대):의덕태자묘에서 1971년에 출토된 이 색칠하여 만든 말 타고
노래 부르는 용(흙으로 빚어 만든 인형)은 높이가 34cm이다.

여 ㎡이다. 이 박물관에는 무측천연구회 등의 학술단체가 있어 이
채롭다.

례 12
주소 : 건현 건릉향 서금촌
전화 :
우편번호 : 713300
입장료 : 21원
휴관 : 연중무휴

10
치엔링
(乾陵 : 건릉)

　필자가 건릉(당나라 고종과 무측천의 합장묘)을 찾아간 2000년 7월 12일은 섭씨 31도나 되는 더운 날 한낮이었다. 차에서 내려 2시간이나 높은 능역을 오르내리느라 땀으로 목욕을 했지만 오기를 잘했다고 스스로 말했다. 그만큼 볼거리가 많았고 공부도 많이 했다. 해발 819m나 되는 높은 양산의 산봉우리 위에 있는 능과 주변의 유물·유적은 엄청났다. 서안의 서북부에 있는 관중 당18릉 가운데 제일 서쪽에 있으면서 제일 규모가 큰 건릉은 배장묘만 해도 5곳(의덕태자묘·영태공주묘 등)이나 있으니까 이 일대가 얼마나 큰 묘역인가는 충분히 짐작할 수 있다. 서안에서 동쪽에는 진시황릉, 서쪽에는 건릉이라는 말을 할 정도다. 필자는 건릉을 찾아가기 전에 중국건릉도유라는 책과 건릉백미라는 책을 읽고 갔다. 이 책들에는 왜 건릉인가, 건릉의 능원은 얼마나 큰가, 건릉의 지하궁은 어떤 모양인가, 건릉의 묘도는 어느쪽에 있는가, 건릉은 몇 년 걸려 만

당 건릉 원경: 당 건릉(고종과 무측천의 합장묘)은 해발 819m의 양산에 있다. 당시대의 18릉 가운데 제일 규모가 크고 유물이 많이 출토되었다.

들어졌는가, 건릉의 배장묘는 어떻게 도굴되었는가, 무자비는 누가 세웠는가 등 많은 질문과 해답이 있어 흥미로웠다.

의덕태자묘박물관을 보고 난 후 건릉으로 향했다. 석계로 앞에서 차를 내려 걸어야 했다. 석계로의 평대는 18좌가 있었다. 18좌 능묘를 상징한다. 제1도파의 대계는 34개였다. 당고종(무덤주인) 이치의 재위가 34년임을 상징한다. 제2도파의 대계는 21개였는데 이것은 무측천이 21년간 집정했음을 상징한다. 제9도파의 대계가 108개인 것은 1년이 12개월·24절·72후 즉 합 108임을 나타내기도 하고 계단을 오르면서 108번뇌를 잊으라는 뜻이기도 하다. 물론 이런 것은 1987년에 만들어진 것이다.

능원 주위 40km, 총면적 230만㎡나 되는 이 건릉의 구조물 배치는 당나라 장안성(지금 서안)과 닮았다고 했다. 그리고 건릉은 관중 18릉 중 유일하게 도굴되지 않은 능, 황제와 여황제의 합장릉, 다

건릉 앞 61존 완빈상(당시대):당나라와 외교관계를 맺고 있는 61개 번국에서 온 사신들의 석상은 모두 머리가 떨어져 없다. 키는 1.7m 전후이며 모습은 다 다르다.

른 국호의 두 황제의 합장릉이라는 특징도 가지고 있다.

어마어마하게 큰 이 건릉은 683년 · 798년 · 943년 · 1960년 등 4차례에 걸쳐 축조되고 수리되었다. 당나라 제3대 황제였던 고종 이치(628-683)는 649년에 황제가 된 후 34년간 재위에 있었다. 중국 최초이며 유일했던 여황제 무측천(?-705)은 고종의 황후였는데 14세 때 미인이었기 때문에 궁궐에 들어가 태종의 재인이 되었고 655년에 고종의 황후가 되었다. 그 후 불교와 여론을 이용하여 690년에 당나라를 주나라라 개칭하고 여황제가 되었다. 황제가 된 후 정치를 잘 하였고 경제를 발전시켰으나 말년의 실정으로 덕망을 잃어 제위를 빼앗겼다. 그녀는 657년 낙양을 가기도 했는데 이 때 현장법사를 데리고 갔으며, 용문석굴 중 봉선사를 만들도록 했다. 이 봉선사의 주존불인 비로자나불의 모습은 무측천을 닮았다고 했다.

건릉의 배장묘인 장회태자묘 주인인 장회태자는 무측천의 둘째아

건릉 앞 무자비(당시대):글자가 한 자도 없는 이 무자비(지금의 글자는 후대에 새긴 것임)는 높이 7.5m, 두께 1.5m의 하나로 된 석비다.

건릉 앞 술경비(당시대):고종의 황후 무측천이 지은 비문(5천5백여 자)이 4면에 새겨진 이 술경비(고종황제의 치적을 칭송한)는 높이가 7.3m다.

직각장군석인상(당시대):옹중이라고도
하는 이 석인상은 능 앞 동쪽에 10명씩
20명이 있는데 높이가 4m씩이다.모두 칼
을 들고 엄숙하게 서 있다.

건릉 앞 석마(당시대):8세기초에 만든 이 돌말은 날개가 달렸으니 천마일 것이다. 건릉의 현무문 앞에 동서 3마리씩 앉아 있다.

들이고, 의덕태자는 손자이며, 영태공주는 손녀가 된다. 이들의 죽음은 모두 황권을 둘러싼 권력투쟁 때문에 생겼다.

건릉의 묘도(무덤 안의 연도가 아니라 지상에 있는)에서 볼 수 있는 석조물을 몇 점 살펴보면 다음과 같다.

속칭 통천주(기둥)라고 하는 화표(높이8m, 직경1m, 무게46t)는 팔각기둥으로 묘도 입구에 둘이 나란히 서 있다. 머리꼭대기는 원형(하늘을 상징)이고 몸체는 팔각형(팔괘·팔방을 상징)이다. 천원지방을 상징하는 것이다.

천마 또는 비룡마라고도 하는 익마 역시 두 마리가 25m쯤 사이를 두고 서 있다. 날개가 달린 이 석조익마의 크기는 길이 3.17m, 높이 2.8m다. 생동감이 넘치는 준마인데 페르샤 말이다.

타조 역시 익마의 북쪽에 있는데 두 마리가 마주 보고 있다. 입체적으로 부조(리리프)했다. 키는 2m, 두께는 40cm다. 걸어가고 있는 모습이다.

타조의 북쪽, 즉 능 쪽으로는 석마 10마리(동서 5마리씩)가 서 있다. 견마석인(마부)과 함께……. 말의 키는 1.8m, 길이는 2.4m나 된다.

직각장군석인상도 20존(동서 10명씩)이나 있다. 키가 4.1m씩이나 된다. 생동감이 넘치게 조각한 이 인물들은 모두 엄숙한 모습이다.

높이가 7.3m나 되는 술경기비(또는 칠절비)는 석인상 뒤에 높이 서 있다. 비문은 무측천이 지었는데 모두 5천5백여 자나 된다.

글자가 한 자도 없는 무자비는 술경비와 마주 서 있는데 크고 웅

건하다. 높이 7.5m, 두께 1.5m나 되는 이 무자비의 위는 둥글고 아래는 네모났다. 공덕이 너무 많아서 문자로 다 쓸 수가 없기 때문에 아무 글자도 새기지 않았음을 뜻하는 이 무자비는 그 예를 다른 곳에서 찾아볼 수 없는 유일무이한 비석이다. 지금 이 비에 새겨진 문자는 뒷날(송·원·명시대) 39명이 임의로 새긴 것이다.

61왕빈(61개 번국에서 온 신하들) 석상은 모두 머리부분이 떨어져 나간 채 서 있다. 동에 29명, 서에 32명이 서 있다. 키는 1.7m 전후 크기다. 7세기 당나라의 국력을 말해주기도 하는 이 석상들의 모습(크기·옷 등)은 각각 다르다.

건릉내성의 동서남북에 있는 석사(돌사자)는 16m씩 간격을 두고 있다. 높이 3.35m, 어깨너비 1.3m. 길이 3.3m, 무게 40t씩이나 된다. 살찐 사자들은 무서운 모습으로 사방을 지키고 있다.

마지막으로 건릉의 현무문에는 6용이라고도 하는 6마가 있다. 동서 3마리씩 무릎을 꿇고 앉아 있다. 앉은 키는 1.98m·길이는 2.2m다. 잘 생긴 준마들이다.

11
따츠은쓰
(大慈恩寺 : 대자은사)

  서안에 가면 몇 군데 불교사찰(절)을 찾아가 봐야 할 곳이 있는데 그곳이 대자은사·대청진사·대흥선사·청용사·천복사·법문사 등이다. 이 가운데 서유기로 더 유명한 현장법사의 대자은사를 소개하면 다음과 같다.

  아주 큰 탑 대안탑이 있어 대자은사라는 이름보다 대안탑으로 유명한 이곳은 수나라 때 세워졌으나 (무루사) 당나라 초기에 폐사되었다. 그 후 당 고종 이치가 태자시절에 모후의 명복을 빌기 위해 정관22년(648)에 재건하고 대자은사라 했다. 그리고 중 3백 명을 부르고 18년 걸려 인도를 다녀온 현장법사를 주지로 삼아 절을 크게 일으켰다. 현장은 이 대자은사에서 불교경전을 10여 년간 번역 간행하였고 법상종이라는 종파도 만들었다.

  대자은사의 남쪽에는 종남산, 북쪽에는 대명궁이 있고, 절 안의 원과원에는 모란꽃이 유명하다. 현장법사가 세운(652) 대안탑은 7

대자은사탑 입장권:입장권에도 대자은사라는
이름 대신에 대안탑이라 쓸 정도로 절보다는
탑으로 유명한 곳이다. 관광객이 넘친다.

층이며 높이는 64.5m이다. 1천3백여 년이 지났지만 그 위용은 아
직도 당당하다. 또 최근 완공된 현장원은 아시아에서 제일 큰 승중
거사원(스님들의 거처)으로도 유명하다.

　대안탑은 벽돌로 쌓은 전탑인데 위로 올라갈수록 좁아지는 사각
탑이다. 각 층에는 아치 모양의 창이 있어 탑 안의 나선식 계단을 올
라가면서 밖을 내다볼 수 있다. 물론 입장료는 사찰 입장료(10원)
외에 탑 입장료(15원)를 또 내야 한다. 이 대자은사는 대안탑 때문에
관광객이 엄청나게 몰려들고 있지만 근처에 있는 천복사(소안탑이
있는)는 너무나 한적했다. 절의 규모나 탑(13층)이 결코 작지 않았는
데도……. 어떻든 유명해지고 볼 일이다.

대안탑(당시대):당 고종 3년(652)에 세운 대안탑(높이 64.5m, 7층 벽돌탑)은 현장 법사가 대장경을 보관하기 위하여 세운 탑이다.

소안탑(당시대):대자은 사에서 가까운 곳에 있 는 천복사의 소안탑(707 ~709 세움, 본래는 15 층이었으나 지금은 13 층, 벽돌탑) 역시 아름다 운 당대 양식의 대탑이 다.

12
샨시리스쯔뽀우꽌

(陝西歷史博物館 : 섬서역사박물관)

섬서성 사람들은 중국의 찬란한 역사문화는 섬서성 일대인 관중지역에서 시작되었다고 자랑하면서 노관대문화·앙소문화·용산문화 등을 거론한다. 그리고 주·진·한·위진남북조·수·당·송등 13개 왕조의 수도가 다 이곳에 있었기 때문에 섬서성 일대는 고대 중국의 정치·군사·경제·문화의 중심지였다고 한다.

사실 섬서성에는 80여 개 박물관이 있어 섬서의 유구한 역사문화유산을 소장 전시하고 있다. 이 80여 박물관 중 대표적인 10대 박물관은 섬서역사박물관·진시황병마용박물관·서안비림박물관·서안반파박물관·함양박물관·무릉박물관·건릉박물관·보계시박물관·법문사박물관·요주요박물관 등이라고 한다.

필자는 이 가운데 7곳을 가 보았고 이 책에 비교적 자세히 안내했다. 섬서역사박물관은 섬서지방을 대표하는 박물관이기 때문에 소장유물(37만 점)도 많고 전시실도 넓은(1만1천㎡) 현대식 박물관이

섬서역사박물관 진열실:섬서역사박물관의 소장·진열품은 99퍼센트가 섬서지역에
서 출토된 유물인데 이 사진의 진열실에는 한시대 유물이 있다.

다. 건물도 크고 당당하다. 당대 건축양식으로 지었기 때문에 모든
게 시원시원하다. 입장권도 카드식으로 되어 있다. 카드식 입장권
을 쓰는 곳은 진용박물관과 이곳 등 중국에서는 세 곳뿐이다. 관람
객이 입구로 들어가 출구로 나올 때까지 2천3백m를 걸어 다니면서
구경하자면 아무리 빨리 봐도 두 시간은 걸린다.

타화(서주시대):서주시대 기원전 8세기에 만들어진 이 청동타화(일종의 주전자)는 중국미술품의 초기 동물형 단계(에니멀 패턴 스테이지)를 보여준다.

서청에는 당 순릉 석사복제품인 거대한 돌사자가 버티고 서 있다. 황하문명의 상징이다. 넓은 서청에서 이 석사(돌사자)를 처음 만난 기분은 묘하기도 하다. 1층은 제1전시실 하나뿐인데 넓이는 1천4백 평이어서 사전시대·상(은)시대·주시대·진시대 유물이 충분히 전시되어 있다. 이 박물관의 기본진열실이면서 섬서고대사 진열실

황유녹채사이호(북제시대):북제시대 6세기에 만들어진 이 네 귀 달린 항아리는 황색 유약을 바르고 초록색을 칠하여 만든 것이다. 꽃과 풀무늬가 아름답다.

석조천왕상(당시대):당시대 8세기에 만든 이 석조천왕상은 섬서역사박물관이 자랑하는 불상인데 서역 미술양식(특히 간다라)의 영향을 보여준다.

수렵산행도(당시대):건릉의 배장묘인 장회태자묘 벽화의 일부분인 이 수렵산행도는
당시 황족들의 수렵행사를 잘 보여주고 있다. 필자도 실물을 직접 보았다.

삼채낙타대락용(당시대):당시대 9세기에 만들어진
이 삼채기는 악사들이 낙타를 타고 악기를 연주하는
모습으로 높이가 56㎝나 되는 명품이다.

영태공주묘지명(당시대):무측천의 손녀이면서 젊은 나이에 억울하게 죽은 영태공주의 묘는 크고 유물도 많았는데 이 묘지명에는 그의 생애와 업적이 기록되어 있다.

이기도 하다. 유물은 시대순으로, 중요한 것 순으로 진열되어 있다. 채도기 · 청동기 · 병마용 · 와당 · 건축물잔편 · 금은기 · 당삼채기 등이 여러 유적지 모형 · 도표 · 사진 등과 함께 전시되어 있다.

임시전람청에서는 당묘벽화전 · 소릉문물전 · 요진국공주묘문물전 등이 열렸다. 이 섬서역사박물관에는 당묘벽화 39폭(모두 당대 묘를 발굴할 때 현장에서 가져온 진품이다)이 있어 유명하다. 필자는 2000년 8월 주관장의 특별 배려로 본관 뒤 보관창고에 있는 비공개중인 당대 벽화(가로세로 2m가 넘는)를 여러 폭 감상하였다. 완벽한 시설을 갖춘 보관창고여서 부러웠고 외국인 학자에게도 필요하면 보여주는 이 박물관의 조직이 부러웠다. 평생에 한 번뿐인 좋은 기회였다고 생각한다. 주관장은 서안에 있는 서북대학교의 교수였는데 학자이면서 관리자로서 역할을 잘 하고 있었다.

서청 서쪽에 있는 전제전람청에서는 섬서청동기 진품전과 섬서역대 도용정화전을 열었다. 청동기 진품전에는 260여 점의 유물과 청동기 제작방법 등이 전시되었다. 도용정화전에는 341점이 시대순으로, 종류별로 전시되었다.

2층에는 한 · 위진남북조시대 유물을 전시하는 제2전시실과 수 · 당 · 송 · 원 · 명 · 청 유물을 전시하는 제3전시실이 있다. 이 박물관에 있는 유물을 종류별로 다시 나눠 살펴보면 다음과 같다.

청동기 : 상 · 주 · 진 · 한시대의 동기가 4천여 점 있는데 예기 · 악기 · 병기 · 거마기 · 생활용기 · 생산도구 등이다. 물론 문자가 새겨져 있는 청동기도 많다.

당대묘장벽화 :1952년부터 1989년 사이 관중지구 25개 고묘 · 동

굴·사원의 벽에서 뜯어 가져온 벽화가 4백여 폭 있다. 무덤은 3품 이상의 귀족과 황족의 묘이다. 내용은 사신도·의위도·건축도·수렵도·생활도 등이다.

역대도용 : 2천여 점이 있는데 진·한·북조·수·당·송·원·명·청시대의 것이다. 종류는 채회도용·유도용·삼채도용 등이다. 예술형상으로는 문무관용·병마용·남녀시용·서역호인용·진묘용·마용·낙타용 등이 있다.

역대도자기 :5천여 점이 있는데 앙소문화채도·서주원시청자·한대유도·당삼채·고유리·당비색자기·송요자기 등이다.

역대건축자재 :1천여 점이 있는데 주·진·한·당·송시대 것들이다. 와당·전·차기·수도관·석각건재·금속건재 등이다.

한당동경 : 8백여 점이 있다. 크기와 형태는 매우 다양하다.

금은옥기 : 2천여 점이 있다. 금배·은호·옥벽·마노배·금용 등 귀한 유물이 많다.

역대화폐 :1만여 점이 있다 .아직 정리가 끝나지 않은 것도 5만여 점이나 있다. 조갯돈·칼돈·금돈·은돈 등 여러 가지 종류가 많다.

섬서역사박물관에는 이외에 판본·경권·직물·골기·목기·칠기·철기·석기·인장·민속품 등도 많이 있다.

부임한 지 3년째 되는 주관장은 2002년 봄에 새로 개관하는 당묘 벽화실(3천㎡ · 지하에 신축공사중)을 미리 자랑하면서 중국회화를 전공하는 허교수(필자)는 꼭 다시 와야 한다고 했다. 재회를 약속하면서 그와 아쉬운 작별인사를 나눴다.

메모

주소 : 서안시 소채동로 91호

전화 :

우편번호 : 710061

입장료 : 25원

휴관 : 연중무휴

13

시안뻬이린뽀우꽌

(西安碑林博物館 : 서안비림박물관)

　필자는 이 책(중국문화유산기행 전3권)을 쓰기 위해서 3차례에 걸쳐 56일간 160곳을 찾아가 보았고 이 책에는 90여 곳을 소개했다. 또 소개할 때는 소개할 곳(박물관 · 미술관 · 유적지 등)에서 산 참고도서와 자료 등을 보면서 하는데 이 서안비림박물관에 대해서도 다섯 권의 책을 참고했다. 최근 도서로는 1999년 4월에 나온 서안비림박물관(257쪽)과 2001년 5월에 간행된 서안비림관람(155쪽) 등이다.

　서안의 공자묘 자리에 있는 비림은 1087년에 세워졌으니까 9백여 년의 역사를 지닌 중국고대서법예술의 보고다. 청나라 이전에는 묵동 · 비동이라 불렸지만 청나라 순치년간(1644-1661)부터 서안비림이라 불렀다. 넓이는 3.19만㎡(약 1만 평)인데 공묘 · 비림 · 석각예술실 등 3개 부분으로 구성되어 있다. 이것을 더 세분하면 7개 비석진열실 · 8개 비정 · 1개 석각예술실 · 6개 묘지진열회랑 · 3개

석대효경비정:1천2백40년이나 되는 석대효경비는 서안비림박물관의 상징이기도 하다. 이곳에는 이런 비정이 8곳이나 있다.

공묘영성문:서안비림박물관이 있는 이곳은 본래 공자묘(사당)였기 때문에 그 유적도 있다. 영성문으로 들어가면 그런 유적도 볼 수 있다.

비림 제1실:제1실에는 42점의 당송대의 비·경·묘지·당 등이 전시되어 있다. 즉 당 안씨가묘비·정부군묘지·당 양수겸비 등이다.

비림 제2실:제2실에는 141점의 원대의 묘지·묘지개 등이 전시되어 있다. 즉 원 숭업묘지·원 황묘지·원 간묘지 등이다.

비림 제3실:제3실에는 11점의 원대의 묘지와 묘지개 등이 전시되어 있다. 즉 원 정묘지·원 인묘지·목량묘지·원 담묘지 등이 있다.

임시전람실 등이다. 전체 소장유물은 1만1천여 점이고, 전시유물은 1천여 점이다. 국보급이 134점이나 있다. 따라서 서안비림박물관은 중국에서 제일 큰 비석박물관이며 가장 풍부한 서법(서예)예술 보물창고가 되는 셈이다. 어떤 곳이든 보는 순서가 있으니까 이곳도 순서에 따라 관람해야 한다.

공묘구역에서는 공묘의 건축물·대하석마(돌말)·당경운종 등을 살펴보면 좋다. 대성전은 화재로(1959) 없으니까 태화원기방과 반지를 보고 안으로 들어가 대하진흥6년(417)이라 새긴 석마와 당나라 예종 경운2년(711)에 주조한 종을 살펴본다. 가능하면 새겨진 글(명문)도 읽어보면 좋다.

비림구역에는 7개의 진열실과 6개의 묘지진열회랑이 있으니까

비랑일각:전시실과 전시실 사이에 있는 비랑에도 묘지 등이 전시되어 있다. 1천여 개의 묘지 가운데 중요한 것들을 전시했다.

시간이 많이 걸린다. 그리고 안쪽에서는 탁본 찍는 소리가 요란하 니까 시끄러워도 참고 보아야 한다. 중국의 서법예술사(중국은 서 법, 한국은 서예, 일본은 서도라 함)가 이 한 곳에 있으니까 각 시 대·각 서법가·각 서파·각 서체 등에 관심과 흥미가 있는 관람 자에게는 한없이 좋은 곳이지만 관심도 없고 글도 모르는 사람에게 는 괴로운 곳이 될 것이다. 검은 것(때로는 흰 것)은 글자요 흰 것은 돌일뿐이니까.

1천2백40여 년이나 된 석대효경비·개성석경과 건륭석경·당다 보탑감응비·당단천자문비·송언수초서비·청각황정견시비·송 소동파서귀거래사시비·청관중팔경도비·청임측서유화산시비 등 을 보고 제7진열실을 나오면 석각예술실이 있다.

1963년에 개관한 석각예술실에는 섬서성에 있는 한당시대의 능묘와 종교 분야 유지에서 가져온 70여 점의 석각이 있다. 석수·석관·석곽·묘지·석사·석양·석마·석호·석타조 등이 있는데 당소릉6준은 아주 유명한 것이다. 이 6마리 돌말은 당태종이 개국전쟁 중에 탔던 6마리의 준마를 돌로 새겨 만든 것이다. 말마다 이름이 있다. 636년에 궁정화가 염립본이 말 그림을 그리고 조각가가 새긴 것이다. 또 석각부조의 오른쪽 위에는 태종이 지은 글(말을 칭찬한)과 구양순이 쓴 찬어가 새겨져 있어 흥미롭다. 이 소릉 6준은 유리장 안에 잘 모셔져 있다. 말들은 모두 깨지고 상해서 상태는 좋지 않다.

이 외에 동한시대의 화상석, 남북조시대의 불상조각, 당대의 불상조각 등도 좋은 것이 많아 나그네의 발길을 멈추게 한다. 땅에 이름을 남기면 금방 지워지지만 돌에 남기면 천 년, 종이에 남기면 만년이나 빛나는 이름을 전할 수 있다고 하신 선친의 말씀을 생각하면서 비림을 빠져나왔다.

메모
주소 : 서안시 삼학가 15호
전화 :
우편번호 : 710001
입장료 : 20원
휴관 : 연중무휴

종교석각실: 불교와 도교 관계의 석각물(불
상·석등·불좌) 등이 전시되어 있다.
1963년에 전시관을 짓고 개관했다.

14

빠루쥔시안빤스츠지니옌꽌

(八路軍西安辨事處紀念館 : 팔로군서안변사처기념관)

중국의 강택민 주석은 「만약 중국공산당이 없었다면 신중국은 있을 수 없었다」고 했다. 맞는 말이다. 어렸을 때부터 역사 배우기를 좋아했고, 대학에서 현대중국역사와 중국공산당사를 배운 필자는 중국여행 중에 문화유산을 탐방하면서 중국공산당이나 주은래와 관계되는 곳을 많이 찾아 보았다. 천진에서의 주은래기념관, 북경

기념관 입장권:다른 박물관·미술관·고거·능원 등의 입장권은 참관권이라고 되어 있는데 이곳만은 참관유념(관람하고 마음에 새기시오)이라고 되어 있다.

에서의 모주석기념당 · 혁명박물관, 서안에서의 서안사변전람관 · 팔로군서안변사처기념관, 남경에서의 매원신촌기념관 · 우화대열사기념관, 상해에서의 중공제일차당대회지 · 용화열사능원, 중경에서의 홍암촌혁명기념관 · 가락산열사능원, 광주에서의 모택동동지농민운동강습소기념관, 할빈에서의 열사능원 등이 다 그렇다.

서안의 이 팔로군기념관은 필자가 본 10여 곳 가운데 가장 본래의 모습(조금은 지저분하고 낙후된)을 지니고 있는 곳이었다. 또 50여 년이 지난 곳이어서 사람들(특히 젊은이들)은 위치를 잘 몰랐고, 그런 곳이 있느냐고 되묻기도 했다.

7현장이라고도 하는 이곳은 1934년 가을에 짓기 시작하여 1936년 봄에 준공되었다. 처음에는 장학량 장군(동북군사령관으로 이 무렵 서안에 와서 공산군 소탕작전을 맡고 있었던)의 비서역을 하던 중국공산당 지하당원의 연락처로 썼고, 서안사변(1936.12.12) 후에는 정식으로 중국공산당 홍군연락처가 되었다. 이 때부터 1946년 9월까지 주은래 등은 이곳에서 통일전선공작과 물자수송(연안으로) 업무를 지휘했다. 1937년 8월부터는 국민혁명군제8로군주섬서변사처로 이름을 바꿨다. 그리고 팔로군변사처는 전국에 수십 개 생겼다.

서안의 이 변사처기념관은 건물배치가 工자 모양으로 되어 있고 면적은 1.5만㎡다. 건물은 4채가 있는데 낡고 지저분했다. 이곳에서 공작업무에 종사한 당원은 주은래 · 동필무 · 유소기 · 등소평 · 주덕 · 엽검영 · 팽덕회 등이었다. 방은 거실 · 통전과 · 비서과 · 기요과 · 학습오락실 · 회계실 · 이발소 · 의료실 등이 있다. 50여 년간 을씨년스러웠던 시절의 모습을 각종 사진·생활도구·집기 등과 함께 볼 수 있다. 특히 해론 스로우의 중국에서의 활동상을 보여주는 전시실은 감명 깊었다. 미국의 여기자였던 스로우는 중국공산당의 대외선전에 많은 도움을 준 사람이다.

이 기념관에는 5백여 점의 소장품이 있는데 모두 어려웠던 시절의 유물이어서 더 귀한 것으로 여기고 있다. 필자는 2000년 7월 13일 오후 섭씨 30도의 더위를 무릅쓰고 혼자 구경하면서 많은 것을 생각했다. 또 어둠속에서도 앞에 광명이 있다면서 혁명운동을 했던 모택동을 생각했다.

메모

주소 : 서안시 북신가 철현장
전화 :
우편번호 : 710004
입장료 : 5원
휴관 : 연중무휴

15
시안반퍼뽀우꽌
(西安半坡博物館 : 서안반파박물관)

1953년에 발견하고 1954년부터 1957년 여름까지 발굴을 마친 반파박물관은 유지현장박물관이며, 6천 년 전에 있었던 모계씨족사회 촌락유지이다. 전시관과 발굴유지보존관을 짓고 개관한 것은 1958년 4월이었다. 소장유물은 약 2만 점인데 그 가운데 선사시대 유물이 1만8천여 점이고 역사시대 유물이 364점이다. 생물화석도 2백여 점 있다.

1만㎡ 넓이의 유적지를 발굴하는 과정에서 집터 45, 저장굴 2백여, 도기가마터 6·묘지 2백50여, 생산공구와 생활용구 1만 점 등을 수습했다. 황하유역의 전형적인 모계씨족촌락을 찾아낸 것이다. 규모가 크고, 보존이 완벽하고, 출토품이 많고, 그 가치가 높은 점에서 단연 으뜸이라 하겠다.

앙소문화를 가장 잘 보여주고 있는 반파유지는 신석기시대 문화유지로서 선사문화를 총체적으로 보여주는 곳이기도 하다. 이곳은

서안반파촌락
유지:6천 년 전
서안 동쪽에 있
었던 원시모계
씨족사회 유지
인데 1957년에
발굴을 끝내고
그대로 원형을
보존하고 있다.

진열실 내부:진열실
의 벽에는 모계씨족
사회의 생활상을 부
조(릴리프)로 보여주
고 있다. 진열대에는
발굴 유물이 전시되
어 있다.

채도분:5천 년 전인 신석기시대에 사슴 무늬와 기하 무늬를 그리고 구운 그릇(녹문 채도분)인데 당시의 생활상과 문화수준을 알 수 있다.

채도분:반파유지에서 발굴된 이 채도분(사람 얼굴 무늬와 기하 무늬를 그린)은 중국 미술의 초기 단계를 잘 보여주고 있다.

원형주거지:중국사람들은 원형방옥유지라고
하는데 아래는 둥글고 위는 뿔 모양, 즉 팽이
모양으로 생긴 집터의 흔적이다.

원형방옥:발굴 현장에 다시 원래의 모습을 복
원한 집이다. 현장에는 집터가 45곳이 있어
원시주거상태 연구에 도움이 된다.

반파인 거주구·묘장구·제도구 등 3개 분야로 나눌 수 있다. 즉 입구로 들어가 제1·제2진열실의 유물을 본 후 남쪽 계단으로 올라가면 축구장 크기의 돔형 건물이 있는 곳이 반파유지이다. 거주구에는 집터와 복원한 집을 볼 수 있다. 크고작은 집터는 거의 네모꼴이다. 집터 옆에 묘장구 즉 묘지지역이 있다. 시체는 직지장·부신장·1차 합장·2차 합장·곡지장 등으로 되었다. 시체는 거의 다 단신장이지만 동성 합장도 있었다. 남녀 합장은 없었다. 즉 부자·모녀 합장은 있어도 부부·모자 합장은 없었다. 어린아이의 시체는 옹관에 넣기도 했다. 옹관장은 집 근처에 있었지 공공묘지에는 없었다. 어린 자식에 대한 엄마의 애틋함 때문이었을까.

제도구 즉 그릇을 굽던 가마가 있는 구역은 거주구에서 2백m 이상 떨어져 있다. 이곳에서 구워 만든 그릇은 발·완·분·호·옹·병인데 모양도 여러 가지이고 무늬도 사람·물고기·짐승·식물 등 다양하다. 즉 상당한 수준의 채도문화를 보여주며 이것들은 반파인들의 생활·미감·경제·기술·신앙 등을 잘 보여주고 있기도 하다.

1년에 1백50만 명 정도가 찾아오는 이곳을 필자는 두 번 가보았는데 이곳에서는 각종 관계도서도 발간했지만 각종 학술대회도 열렸다. 어떻든 이제 중국 고고학계 나아가서 세계 고고학계에서 반파는 모계사회촌락의 대명사가 되었다고 할 수 있다.

메 모

주소 : 서안시 동교 반파로

전화 :

우편번호 : 710038

입장료 : 18원

휴관 : 연중무휴

16
화칭즈
(華淸池 : 화청지)

　진시황릉 가는 길에 있는 이곳에는 화청지·화청궁·구룡탕·어탕유지박물관·온천송비·하화각·오간청·여산·노군전·노모전·봉화대 등이 있는데 중국박물관지(1995)라는 책에는 당화청궁어탕유지박물관으로 소개되어 있다.

　여산 아래에 있는 이곳은 주·진·한·당나라 때의 별궁으로 지어진 곳이라 탕천궁·온천궁·화청궁·여산궁·수령궁 등의 이름으로 불리었다. 당나라 현종황제가 양귀비 등을 데리고 14년 동안 (742-756)에 43차례나 놀러온 것으로 더 유명하다. 그리고 현종과 양귀비가 온천욕을 하던 어탕유지에는 매일 수만 명씩 몰려와 옛날 이야기를 하면서 구경한다. 지금은 근처의 온천호텔 때문에 온천수는 고갈되어 솟아나오지 않는다.

　풍만한 육체미를 자랑하는 양귀비가 농염한 모습으로 탕에 들어가는 조각상·대형벽화 등도 볼거리지만 오간청에 가서 장개석이

화청지 전경:2천5백여 년 전부터 황실의 별궁(온천)으로 유명했던 화청지에는 고건축·온천탕·박물관 등이 있어 관광지로 널리 알려져 있다.

새벽(1936년 12월 12일) 총소리에 놀라 뒷산(여산)으로 도망친 일(서안사변)을 생각하는 것도 역사를 배우는 것이다. 오간청에는 그때 그 모습이 그대로 재현되어 있다.

어탕유지박물관에는 1백여 점의 유물이 전시되어 있는데 거의가 역대 건축자재들이다. 또 북위시대의 온천송비도 있어 흥미롭다. 양귀비 때문에 관광객이 몰려오는 이곳도 문화유산임에는 틀림없다.

메 모

주소 : 섬서성 임동현 화청지

전화 :

우편번호 : 710600

입장료 : 30원

五间亭

화청지의 오간청:1936년 12월 12일 새벽, 이곳 오간청에서 잠자던 장개석은 장학량 등의 납치사건(서안사변)으로 공산당을 인정하게 되고 결국은 중국대륙을 빼앗겼다.

111

화청지의 하화각 : 탕천궁·온천궁·화청궁·여산궁·수령궁 등 여러 가지 이름으로 불리는 화청지는 서안에서 제일 아름다운 임원(정원)이기도 하다.

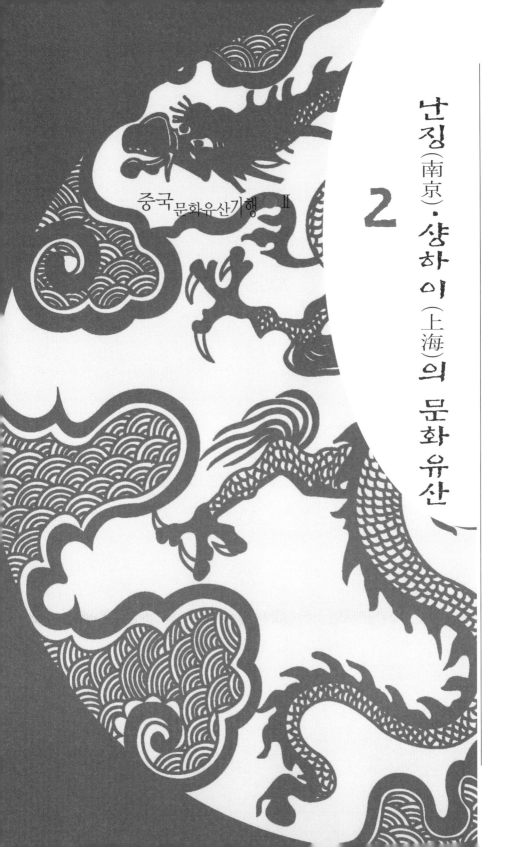

중국문화유산기행 Ⅱ

2 난징(南京)·샹하이(上海)의 문화유산

1
난징스
(南京史 : 남경사)

　황하문화의 중심지(서안)에서 양자강(장강)문화의 중심지인 남경
으로 (비행기로) 날아간 것은 2000년 7월 14일 밤 10시 30분이었
다. 이날 남경의 기온은 섭씨 32도, 밤거리는 밝고 깨끗했다. 호텔
방도 넓고 안락했다. 지난 해(1999) 2월과 12월에도 왔었지만 이번
에는 4일간 머물 예정이니까 옛도시 남경을 더 자세히 보기로 했다.

　남경 즉 남쪽의 서울이라는 이 도시는 건업 · 건강 · 금릉 · 경사 ·
강령 · 응천 · 천경 등이라고도 불렸고, 서기 229년부터 1937년까
지 동오 · 동진 · 송 · 제 · 양 · 진 · 남당 · 명초 · 중화민국 등의 서
울이었다. 그래서 남경을 늙은 남경(라오난징)이라고 부른다. 그러
나 지금은 무섭게 빨리 변하고 있다. 옛모습을 찾아보기 힘들 정도
다. 남경박물원 근처의 30여 층짜리 힐튼호텔이 상징적으로 말해주
고 있다.

　장강 남쪽 구릉지대에 자리잡은 남경은 역사 이래 나라를 세우고

남경시 현무호:남경시의 중심지역에 있는 현무공원은 현무호를 끼고 있는데 매우 넓다. 앞쪽의 웅장한 문(3문)이 현무문이다.

남경성 중화문:(명시대):명나라 태조(1363~1398) 때 쌓은 남경성의 남문인 이 중화문은 4중으로 된 옹성문인데 3천 명의 군사가 지킬 수 있는 철옹성이다.

서화원:태평천국의 천왕 홍수전(1812~1864)이 10여 년간 살던 천경(남경)의 천왕부가 있던 이 서화원은 아름다운 정원으로 잘 남아 있다.

지키기에 좋은 땅이었다. 그래서 춘추시대의 오나라는 지금의 조천 궁 일대에, 월나라는 장천리 일대에, 초나라는 석두산 일대에 터를 잡았다. 태평천국도 약 10년간이었지만 남경을 천경이라 하고 수도를 삼았다. 남경은 이런 까닭으로 중국 7대 고도 중의 하나가 되었고, 고적과 명승이 많다. 대강 열거하면 다음과 같다.

남조시대의 석각·남당시대의 두 능·진회화·부자묘·초나라 때의 석두성, 조천궁·명나라 때의 고궁유지·명태조의 효릉, 고루·첨원과 구원, 현무호와 막수호, 대종정·천왕부(총통부)·중산릉·영곡사·우화대·서하산과 청량산, 남경성잠과 옹성 등 20여 곳이나 된다. 여기에 남경대학살기념관·우화대열사기념관·매원신촌기념관·남경박물원·부포석기념관·태평천국역사박물관·손중산기념관 등을 추가하면 남경의 역사와 고적을 충분히 알수 있다.

특히 남경성잠과 옹성은 명태조 주원장이 남경에 정도한 후부터 쌓기 시작한 것인데 그때의 길이는 33.6km여서 북경성보다 길었고 전세계에서 제일 긴 경성의 성잠이라는 말을 들었다. 이 성잠은 21년 만인 명 홍무19년(1386)에 완공되었다. 이 성을 쌓을 때 사용한 전은 구워 만들 때 도공의 성명과 제작연월일을 새겼기 때문에 매우 중요한 유물이 되고 있다. 아주 튼튼하게 쌓은 이 명대 성잠은 지금도 20km쯤 남아 있다. 성잠에는 모두 13개의 성문과 2백여 개의 보루가 있었다. 물론 성잠 위에는 문루와 기타 목조건축물도 있었다. 이 성잠 중에서 제일 볼 만한 것은 옹성이다. 우리 한국의 동대문옹성을 생각하면 되는데 동대문옹성은 남경옹성에 비할 바가

절강성박물관 앞에서의 필자:상해·항주·남경은 삼각형을 이루는 도시인데 모두 크고 좋은 박물관을 가지고 있다.항주에 있는 절강성 박물관은 건물·정원·유물 등이 좋고 아름답다.(1999.12.15 방문)

못된다. 크고 완벽하게 잘 보존된 6백20여 년의 남경옹성이야말로 중요한 문화유산이 되고 있다. 또 동쪽 조양문(지금의 중산문)성잠 아래에 있는 5개의 구리로 만든 함관(일종의 수도관, 지름 95cm)은 서울 동대문 옆에 있던 오간수교를 연상시킨다고 하겠다.

명태조가 이렇게 견고하게 만든 남경성잠도 영락19년(1421)에 북경으로 천도한 이후부터는 별다른 역할이 없는 유물로 남게 되었고 남경은 정치중심지 역할을 끝내게 되었다. 그러나 청말인 1852년에 일어난 태평천국의 천경으로서, 1912년부터 손문의 중화민국 총통부로서의 역할은 남아 있었다. 또 1937년 12월 일본군의 남경대학살사건으로 남경은 세계의 주목을 받았다.

남경에 남아 있는 명대 황릉은 태조릉인 효릉뿐이다. 30년 걸려 만든 이 효릉(종산 남록에 있다)은 둘레가 22.5km된다. 손문의 중산릉 근처에 있기 때문에 찾아가기 쉽다.

2

샹하이스

(上海史 : 상해사)

　상해의 역사를 빠르고 쉽게 알려면 상해 중심지에 있는 인민정부 청사 동쪽에 있는 상해도시계획전시관을 찾아가면 된다. 6층 건물인 이 전시관에는 7백 년 역사의 상해의 과거 · 현재 · 미래를 볼 수 있는데 특히 미래에 대한 청사진은 놀랍다. 사진 · 도표 · 지도 · 모형 · 동영상 · CD · 비디오 · 오디오 등 모든 홍보매체를 갖추고 있는 이곳은 2001년 1월 북한의 김정일국방위원장도 찾아가 본 곳이다. 정말 놀랍도록 시설이 좋은 곳이다.

　상해는 북위 31도, 동경121도에 위치하는데 서울에서 남남서쪽에 있다. 비행기로 약 2시간 가는 거리다. 양자강이 운반한 퇴적층으로 이뤄진 상해의 평균지표면은 6m이다. 면적은 6백34만㎡며, 인구는 1천3백만 명이다. 행정구역은 16개구, 4개현으로 구성되어 있다. 중국의 경제 · 금융 · 무역 중심이며 양자강(장강)을 용이라고 하면 용머리에 해당하는 중요한 대도시다.

상해시 남경로:인구 1천3백만 명이 사는 7백 년 역사의 상해시에서 가장 번화한 거리는 남경로이다. 걷기 힘들 정도로 사람이 많다.

황포공원의 조각:상해의 동쪽 강(황포강)변에 있는 황포공원에는 기념탑·기념관·동상·유적 등이 많은데 이 영웅동상조각은 그 중 대표적인 것이다.

동방명주와 기념탑:상해시 인민영웅탑(1994.5)과 동방명주(420.5m, 88층)가 보이는 이곳은 세계 최고의 발전구역이 될 곳이라고 한다.

상해박물관 주변:상해인민정부 앞 광장에 천원지방(天圓地方) 모습으로 세워진 상해박물관과 그 주변의 고층건물들은 상해의 자랑거리이다.

원나라 때(1291) 상해현이 설치된 이후 커지기 시작한 어촌은 명나라 때부터 항구로 발전했고 1843년 아편전쟁 후에는 5개 통상항구(문호개방항구) 중의 하나가 되면서 급속히 발전했다. 1842년에는 최초의 서양호텔이 생길 정도로 서양세력은 외탄(황포강변)을 거점으로 상해와 내륙으로 확장되었다. 일본군의 중국침략도 상해 점령부터 시작되었다. 사실 상해의 역사는 외세와의 투쟁사, 노동자들의 파업사, 중국공산당의 창당사, 1978년 이후의 개혁개방사 등이라고 할 수 있다.

상해 7백 년(2000. 8, 상해인민출판사, 634쪽)이라는 책에는 상해역사를 정치 · 경제 · 사회 · 문화 · 인물편으로 나눠 자세히 소개하고 있다. 즉 상해인민의 왜구와의 투쟁, 서방침략자의 상해 상륙, 변법유신의 여론 중심지, 상해에서 탄생한 중국공산당 · 일본 침략군과의 항전, 사인방의 상해 탄압, 등소평의 상해 개혁, 고대상해의 제염업, 오송강과 황포강의 은혜, 민족자본과 해외무역 · 대상해로의 발전, 동방의 뉴욕, 포동의 개발과 개방, 중서문명의 융합, 상해여성의 지위, 세계를 향한 상해인, 21세기를 향한 상해시, 상해의 양식건물, 상해의 신문과 출판업, 중국 영화산업의 근원지, 미식가들의 낙원, 근대과학의 선구자 서광계, 명대의 서화가 동기창, 근대실업가 겸 교육가 성선회, 학계의 태두 채원배, 중국문화혁명의 주창자 노신, 중국공산당 이론가 장문천, 20세기 중국에서 가장 위대한 여성 송경령 등으로 항목을 나눠 상해 역사를 다루고 있다.

1999년 1월부터 네 번이나 상해를 가본 필자는 갈 때마다 달라지

오창석의 천축도:상해에
서 활동한 화가들(해상파)
가운데 대표라 할 오창석
(1844~1927)이 그린 천
죽도는 활달한 기운이 넘
친다.

고 있는 상해에 놀란다. 길이 달라지고 깨끗해지고, 높은 빌딩과 아
파트가 숲을 이루고, 호텔은 넘쳐나면서 호화로워지고, 택시는 서
비스 좋아지고 깨끗해지고 있기 때문이다. 더구나 포동신공항의 크
기와 설비에는 입을 벌리게 된다. 잘생긴 서시장의 포부는 가능성
을 다짐해 준다. 중국인들의 말대로 앞으로 20년 안에 상해는 홍콩
을 앞지르게 되고 뉴욕을 따라잡게 될 것만 같다.

3
뿌파오스지니엔꽌
(傅抱石紀念館 : 부포석기념관)

   중국의 도시에서 집 찾기는 한국에서보다 훨씬 쉽다. 번지 정리가 잘 되어 있기 때문이다. 예를 들면 서울 관악구 봉천동에 가서 번지만 가지고 집을 찾기란 아마도 하늘의 별 따기 정도일 것이지만 중국에서는 곧바로 찾아갈 수 있다. 필자는 그런 경험을 중국에서 몇 차례 해봤다.

   중국의 현대화가이면서 전통양식으로 그림을 그렸던 부포석 (1904-1965)기념관을 남경에서 찾아갔을 때도 한적한 주택가에 있었지만 그리 어렵지 않게 찾을 수 있었다. 언덕 위 숲속에 있는 집은 2층 목조가옥이었는데 1985년에 지었지만 잘 보존되어 있었고 중국인도 많이 찾아오지 않는 기념관을 한국인이 멀리서 찾아온 것에 관리인은 놀라면서 감사해했다. 그와 부포석에 관한 얘기를 나누면서 구경했다.

   부포석은 강서성 남창에서 가난한 농부의 아들로 태어났지만 그

부포석기념관 입장권:현대화가이면서 전통화풍으로 산수화를 많이 그린 부포석
(1904~1965)기념관은 언덕 위에 있는 아름다운 2층집이었다.

126

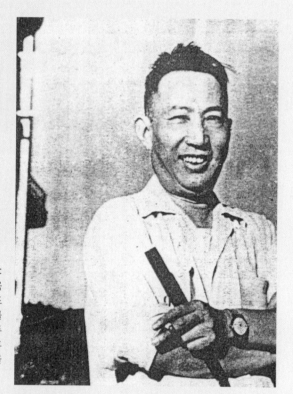

부포석의 한 모습:
화가·화론가·교육
가였던 남경의 부포
석은 실경산수화를
많이 그렸는데 백두
산 스케치 여행 후
더욱 힘찬 그림을
많이 그렸다.

림에 재주가 많아 사범학교를 나온 후 모교의 미술교사가 되었고, 29세 때(1933)는 일본으로 유학을 가 동경제국미술학교에서 미술사공부도 했다. 귀국 후에는 남경사범대와 남경의 중앙대교수를 하면서 여러 권의 책을 쓰고 그림도 그렸다. 그가 쓴 책은 중국회화(변천)사강(1931), 국화원류술개(1934) 중국회화이론(1935) 석도총고(1937) 중국미술연표(1937) 중국고대산수화사연구(1948) 중국의 인물화와 산수화(1950) 등이고, 그가 그린 그림은 대척초당도ㆍ석도초상도ㆍ청천도ㆍ고산관폭도ㆍ산송도ㆍ산경도ㆍ금릉도ㆍ임중고사도ㆍ귀주도ㆍ설의도ㆍ송림도ㆍ중산릉금도ㆍ굴원도ㆍ미녀도 등 수백 점에 이른다.

회화에서 시적 정취를 좋아하고 강조한 부포석은 자기보다 6살 많은 반천수(1898-1971)도 존경했지만 청나라 초기의 대화가 석도(1642-1707)를 존경하면서 그의 화풍을 따랐다. 그래서 그는 본래 이름이었던 서린을 버리고 포석이라고 고치기까지 했고, 집 이름도 포석재라고 했다. 그리고 석도의 호인 대척 자를 따 대척초당도를 여러 폭 그리면서 숭배했다.

필자는 그의 저서를 여러 권 읽고 배웠기 때문에 남경에서 맨처음 그의 기념관을 찾아갔다. 기념관은 강소성국화원에서 관리하고 있었고, 생전에 살면서 그림을 그리던 모습 그대로 유지하고 있었다. 화실ㆍ거실ㆍ침실ㆍ식당 등이 깨끗하게 정리되어 있어서 살아 있을 때의 그의 잘생긴 모습 같았다. 뛰어난 화가였으며 교수였던 예술가에게 대한 대우를 제대로 하고 있었다. 부러웠다. 명예관장은 미망인이 맡고 있었다. 기념관에 있는 유물은 그의 작품 50여 점ㆍ

128

부포석의 금릉도:회화에서 시적 정취를 강조한 부포석은 웅장하고 아름다운 자연 속의 작은 인물을 잘 그렸는데 이 금릉도는 그의 대표작 가운데 하나다.

부포석의 강산도:부포석이 세상을 떠나기 1년 전인 1964년에 그린 이 대세파강산도 (146×150㎝)는 대관산수화라고 할 수 있다. 거칠면서 힘차다.

스케치북 · 도록 · 서적 · 미술잡지 · 화구 · 부포석사진 · 작품사진 · 글씨 등이었다.

　기념관의 대지면적은 2천8백㎡였고 건축면적은 3백80㎡였다. 울창한 나무와 꽃들이 아름다웠다. 그가 세상을 떠난 후(1965.9.29) 여러 미술잡지와 미술관에서 특집호를 냈고 또 전람회를 개최했다. 기념관의 언덕길을 내려오면서 그가 남긴 무성시(소리없는 시 즉 그림)들을 생각했다. 그리고 인생은 짧고 예술은 길다는 말도……

메모
주소 : 남경시 한구서로 132호
전화 :
우편번호 : 210024
입장료 : 20원
휴관 : 월요일

4
난징뽀우위엔
(南京博物院 : 남경박물원)

중국에서 1천5백 개가 넘는 박물관·미술관·기념관 가운데 가장 최근에 신축 개관했으며 시설과 유물이 좋은 곳을 가려낸다면 상해박물관(상해)·남경박물원(남경)·하남박물원(정주)·진용박물관(서안)·노신기념관(상해)·대련자연박물관(대련)·삼성퇴박물관(성도)·광주근대사박물관(광주)·홍콩과학관(홍콩)·二二八기념관(대만)·서비홍기념관(북경) 등 10여 곳이라 하겠다. 물론 필

남경박물원 입장권:40만 점의 유물을 소장하고 있는 남경박물원은 역사·시설·유물 등에서 특급박물관에 드는데, 유물은 주로 양자강 유역의 것들이다.

옥상감금동벼루함:후한시대(2세기)에 만들어진 이 옥상감금동벼루함(구리로 만든 후 금을 도금하고 옥을 끼어 넣은 연합)은 1970년 강소성 서주에서 출토되었다.

자가 가 본 20여 개 도시의 160여 개소 가운데서 무작위로 선정한 것이다.

북경의 중국역사박물관 · 서안의 섬서역사박물관 · 정주의 하남 박물원 같은 곳의 소장유물은 99퍼센트가 고고유물(발굴품)이라면 남경박물원이나 상해박물관의 소장유물은 50퍼센트 정도가 예술유 물(전세품)이라고 하겠다. 그러니까 이런 곳에는 그림 · 글씨 · 청자 기 · 백자기 · 의류 · 가구 · 옛시계 · 소수민족 민속품 등도 많아서 중국문화유산을 다각적으로 볼 수 있다는 뜻이다.

옥상갑금동벼루함 앞부분:전체 길이 25㎝, 폭 15㎝, 높이10㎝인 이 벼루함은 조개 비슷한 짐승 모양인데 반쪽 아랫부분이 벼루(연대)이고 위쪽이 뚜껑이다.

　남경박물원은 새건물·첨단시설·다양한 유물 등 여러 가지 좋은 조건 때문에 유쾌한 관람을 할 수 있다. 역사예술성박물관인 남경박물원은 1933년 중앙박물원으로 시작하였다가 1950년에 국립남경박물원으로 이름을 바꿨다.

　1950년에 지은 건물은 50년간 사용하다가 지금은 닫아두고 옆에 새로 지은 건물(보천화물이라는 현판이 걸린 철근콘크리트)을 사용하고 있다. 소장유물은 40만 점이며 주로 장강 중하류 지역 것이다. 현대작품도 전시하는 특설코너가 있어 놀랍기도 하다.

9개 분야로 나눠 전시하고 있는 전시실을 대강 살펴보면 다음과
같다.

중국고대칠기예술 : 6천 년의 역사를 가지고 있는 중국칠기사를
한눈으로 볼 수 있다. 한·위·당·송·원·명·청시대의 칠기 1
백여 점이 전시되어 있다. 흑칠기·주칠기·황칠기·상감칠기 등

우형등(후한시대):후한시대는 동한시대라고도 한다. 이 소 모
양의 등은 강소성 유루에서 출토되었는데 남경박물원의 자랑이
기도 하다.

을 이어폰의 설명을 들으면서 볼 수 있다.

　중국고대옥기 : 옥기는 옥제품(장식용 · 제사용 · 의례용 · 진설용 등)을 뜻하는데 상고 옥기 · 중고 옥기 · 근대 옥기 등으로 분류했다. 6백여 점이 전시되어 있다. 중국인은 금보다 옥을 더 좋아한다. 옥은 5덕을 갖추고 있기 때문이란다. 2천6백여 옥편으로 만든 옥의

　동물 모양 청자항아리(서진시대):서진시대(3~4세기)에 만들어진 이 괴수처럼 생긴 청자항아리는 강소성 의흥현에서 출토되었다. 초기 청자기이다. 중국미술품의 특징을 잘 보여주는 명품이다.

(미라에 입힌 옥으로 만든 옷)는 볼 만하다.

강남금수 : 강남지방에서 만든 비단과 자수품 등이다. 사주·자수·혁수·복식 등 60여 점이 전시되어 있고, 옛날 비단을 짜던 방직기도 있다. 물론 비단에 비단실로 아름답게 수를 놓아 만든 관음도·세마도·백자도 같은 명품도 있다.

민속미술 : 다민족국가인 중국에는 다양한 민속품이 있다. 6백여 점을 전시하고 있는 이 전시실에서는 조·각·전·회·소·염·직·수·야·마·삭(깎고 자르고 칠하고 붙이고 짜고 때리고 갈고 한) 공예품을 볼 수 있다. 상해박물관에 소장 전시되어 있는 것보다 훨씬 다양하고 많다.

중국고대회화 : 60여 점의 작품은 당·송시대부터 명·청시대까지를 다 포함하고 있다. 휘종(북송)·황공망(원)·예찬(원)·구영(명)·서위(명)·동기창(명)·공현(청)·팔대산인(청) 등의 명품들이다. 관람객이 작품 가까이 가면 조명이 밝아지고 지나가면 흐릿해지는 진열장 안에 있다.

고대진보 : 금·은·옥석·진주·마노 등의 작품 50여 점이 전시되어 있다. 금보살·금수·청자신수존·옥상감금신수연합·옥종·옥배·금요대 등이다.

중국고대도예 : 신석기시대부터 청대까지의 작품 1백여 점이 전시되어 있다. 중국인의 생활사와 예술사를 볼 수 있는 작품들인데 도마·도호·도관·도루·취소용·도우차·도무사용·삼채쌍어병 등이 유명한 것들이다.

명청자기 : 2백여 점의 정품이 호화롭게 전시되어 있다. 명홍무백

공현의 하산과우도:금릉(남경)파 화가였던 공현(1618
~1689)은 남경의 청량산에서 작품활동을 했는데 먹
색이 짙고 두터운 산수화를 잘 그렸다.

유자기·명홍무유리홍세한삼우문자매병·청화운용문자편형·청화죽림칠현문자필통·청강희자완·청건륭분채자고병 등이 눈부시다.

고대청동기 : 예기·악기·병기·거마기·생산공구·생활용기 등 80여 점이 전시되어 있다. 크기와 모양이 다양하고 기기묘묘하여 흥미롭다.

메모

주소 : 남경시 중산동로 321호
전화 : 0254800421
우편번호 : 210016
입장료 : 20원
휴관 : 월요일

5
메이위엔신춘지니엔꽌
(梅園新村紀念館 : 매원신촌기념관)

이 매원신촌기념관의 정식명칭은 중국공산당대표단매원신촌기념관이다. 1946년 5월부터 1947년 3월까지 10개월간 섬서성 연안에서 온 중국공산당의 대표들(주은래·동필무·요승지 등)이 장개석의 국민당 대표들과 중일전쟁 후의 처리문제를 담판하기 위해 머문 것을 기념하기 위해 만든 곳이기 때문이다.

본래는 주택가인 매원신촌의 한 가옥이었으나 이웃을 사들여 확장 수리한 후 개관한 것이다. 그래서 주소는 매원신촌 17·30·35호로 되어 있다. 담판 당시의 이름은 중공중앙남경국이었다. 이 대표단들은 담판을 하면서 공산당 선전공작과 제2전선 구축운동 등도 벌여 공산당의 세력확장에 힘을 기울이기도 했다.

신중국 성립(1949. 10)후인 1960년에 기념관을 세웠고, 1990년에는 사료진열관을 개관함과 함께 주은래의 전신동상(높이 3.2m, 무게 9백kg)도 세웠다. 동상의 모습은 침착·기지·용기 등이 역

매원신촌기념관 입장권:주은래도서관 · 주은래동상 · 매원신촌 30호 등의 사진 세
장을 합성하여 만든 이 입장권은 오른쪽을 약간 찢은 후 입장시켰다.

매원신촌 30호:공산당 대표단을 이끌었던 주은래와 그의 부인 등영초가 함께 약 2
년간 살았던 곳인데 각종기념물이 잘 전시되어 있다.

주은래 동상:섬서성 연안으로 쫓겨가 있
던 시절인 1936년 말을 타다가 오른팔을
다친 주은래는 그 후 40년간 이런 모습이
었으나 언제나 자신감이 넘쳤다.

력하다.

전시실 중앙에는 높이 6.5m, 폭 3.3m의 백옥에 부조(릴리프)한 공산당 대표단원들의 모습이 있는데 S자형 구도로 되어 있다. 그리고 1층 전시실은 국공남경 담판 때의 각종 사료를 전시했고, 2층 전시실은 공산당이 영도한 애국민주운동을 소개하고 있다. 주은래도 서관도 있다.

매원신촌의 17호와 30호는 국민당 정부에서 준 것이고, 35호는 공산당이 매입한 것이다. 또 30호는 주은래와 그의 부인 등영초의 사무실 겸 거주공간이었는데 지금 뜰에는 석류나무 · 해당화나무 · 포도나무 · 장미 · 취백 등이 아직도 잘 자라고 있다. 35호는 2층으로 되어 있는데 30호 건물과 서로 통하는 안전문이 있다. 동필무 · 요승지 · 이유한 등의 가족이 살던 방들이 있다.

주건물이라 할 수 있는 17호에는 거주공산 · 외사조 · 군사조 · 신문조 · 부녀조 · 전신실 · 18집단군주경사무실 등이 있다.

이 매원신촌기념관을 둘러보면 실제로는 주은래기념관이라고 할 만큼 그의 동상 · 사진 · 생활용구 · 서류 · 자료 · 책상 · 옷 등이 많다. 평생을 국가 · 공산당 · 민족을 위해서 헌신했으며, 절대로 제1인자의 자리(주석)를 넘보지 않고 제2인자로서 충직하게 살았으며, 어려운 고비마다(서안사변 · 남경담판 · 문화혁명 등) 슬기롭게 처신한 그에 대한 존경심 때문에 중국인들은 그를 숭배하고 사랑한다. 만약 주은래가 없었다면 모택동은 그의 사상을 실천하고 공산당 국가를 세울 수 있었을까, 또 그가 없었다면 등소평이 재기하고 오늘의 중국이 있었을까 하는 물음을 중국인들은 자주 한다. 주은래는 그만큼 뛰어난 참모였고 행정가였다고 할 수 있다. 주은래는 이곳에서 담판업무를 진행하면서 항상 비밀유지·정확성·신속성을 강조했으며, 단아한 모습을 잃지 않았다고 한다.

이곳에 진열된 유물은 모두 1천2백여 점이다. 남경시 문물국에서 관리하고 있는 이곳은 애국주의와 혁명전통교육기지로 되어 있어서 청소년들의 관람이 끊이지 않는다.

메모

주소 : 남경시 성동 매원신촌
전화 :
우편번호 : 210018
입장료 : 10원
휴관 : 월요일

143

타이핑티엔구어리스뽀우꽌

(太平天國歷史博物館 : 태평천국역사박물관)

광동성의 객가 출신인 홍수전(1812-1864)이 세운 배상제회의 기독교와 농민운동은 아편전쟁이 끝난 후부터 세력을 더 얻게 되었고 드디어 혁명정부인 태평천국을 세우게(1851. 1) 되었다. 천왕이 된 홍수전은 1853년 3월 남경을 점령하고 천경이라 했다. 그래서 지금 남경에는 홍수전 등이 거주하던 천왕부(서화원)와 남경태평천국역사박물관(첨원) 등이 있다. 두 곳 다 아름다운 원림으로 유명하다.

태평천국은 봉건제도와 봉건예교를 과감하게 타파하고 토지의 평등배분 · 부녀해방 · 남녀평등 등을 내세우면서 「땅이 있으면 같이 갈고, 밥이 있으면 같이 먹고, 옷이 있으면 같이 입고, 돈이 있으면 같이 쓰면 불평등한 곳이 없고, 굶주리고 추운 사람이 없다」고 했다. 이 운동은 10여 년간 잘 계속하다가 내분이 일어나고 관군(청군)의 공격을 받으면서 무너지기 시작했다. 그리고 홍수전의 병사(1864. 6) 후인 7월 천경(남경)의 함락으로 멸망하고 말았다.

홍수전 흉상:19세기 중
엽 양자강 이남에서 태
평천국운동(1851~
1864)을 일으키고 남경
에 천경(서울)을 두었던
홍수전(1812~1864)은
농민운동가였다.

금전기의도:광동성 금전에서 배상제회라는 기독교 단체를 만들고 혁명운동을 시작
한 홍수전이 태평천국 군대 앞에서 연설을 하고 있는 모습을 그린 것이다.

　　현재 태평천국역사박물관이 있는 첨원은 태평천국의 제2인자였
던 양수청이 거주하던 곳이다. 1961년 1월 태평천국 110주년을 맞
이하여 정식으로 개관하였다. 1999년에 다시 대대적으로 전시관을
고치면서 면모를 일신했다. 필자가 1999년 이른 봄에 보았을 때는
실망스러웠으나 2000년 여름에 보았을 때는 깜짝 놀랄 정도로 달
라졌다. 금전기의 1백50년을 기념하면서 확 바뀐 것이다.

　　진열은 6개 부분으로 나눠 했다. 즉 서막, 기의금전과 대군동하,
건도금릉과 북벌서정, 천경사변과 중진군위, 욕혈강절과 항격침
략, 천경실함과 견지투쟁 등이다. 다시 말하면 태평천국운동의 전
역사를 다 진열 전시하고 있다. 소장품은 2천여 점이며 복제품도 5

천여 점 있다. 여기에 사진 5천여 장과 관계도서 6천여 권, 관계자료 2천여 점 등도 소장 전시되어 있다. 어떻든 이곳은 여러 곳에 있는 태평천국관계 기념관과 박물관 가운데 자료도 제일 많고 연구도 활발하게 하고 있는 곳이다.

전시품 가운데 볼 만한 것은 흠정군차실록 · 고급관원예복 · 도선규조비 · 통행증 · 동포 · 태평천국벽화 · 영국군묘비 · 화폐 · 병기 · 문패 등이다. 어떻든 이곳은 태평천국역사의 문물 · 진열 · 자료센터가 되고 있으며, 태평천국사 연구회와 사학회의 학회 본부도 이곳에 있다.

그리고 5곳의 진열실을 다 보고 난 후에는 피로도 회복할 겸 6백년 역사의 아름다운 정원(첨원)을 꼭 관람할 필요가 있다. 정자 · 나무 · 괴석 · 연못 등이 그림처럼 배치되어 있는 첨원은 남경 제일의 원림이라는 말을 듣고 있다. 청나라 건륭황제(1736-1795)가 남경에 왔을 때도 이곳에 머물렀었다. 1982년부터는 성급문물보호단위가 되었다.

메 모

주소 : 남경시 첨원로 128호
전화 : 23024 · 25262
우편번호 : 210001
입장료 : 20원
휴관 : 연중무휴

금릉제일원(첨원):태
평천국 역사박물관이
있는 곳은   정원인데
첨원(금릉제일원)으로
경치가 매우 아름답다.
이 사진은 여러 곳의
모습을 합성한 것이다.

7
난징쓰뽀우꽌
(南京市博物館 : 남경시박물관)

　무더운 날씨였다. 2000년 7월 15일(토) 낮기온은 섭씨 38도였다. 택시기사도 남경시박물관의 위치를 잘 몰랐다. 남경박물원이 아니냐고 몇 번이나 되물었다. 결국 차오티엔꿍(조천궁) 안에 있는 것을 찾았다. 조천궁(朝天宮 : 명나라 때 황제인 천자를 알현하기 위해 연습하던 곳)은 알아도 남경시립박물관인 이곳을 모르고 있었던 것이다. 이 박물관은 강남지방에서 비교적 제일 잘 보존되고 있는 최대 궁정식 건축군을 대대적으로 수리하고서 1993년부터 정식으로 개관하였다. 건축면적은 6천8백여㎡나 되었다.

　남경의 역사문물을 기본으로 하고 있는 이 박물관의 진열품은 8백여 점이다. 즉 신석기시대 유물·진한시대 유물·남조시대 과기문화·당송원명시대 유물·명청시대의 공예 등이다. 거의 다 남경의 고대발전사를 알 수 있는 유물들이다. 그래서 개관 이후 지금까지 명조묘출토문물전·고대복식전·해방남경전·고고문물진품

N⁰ 9714795

南京歷史文物陳列

南京市博物馆　　地点：朝天宫六号

남경시박물관 입장권:중국의 박물관·미술관·능원 등의 입장권 가운데 가장 보잘 것없는 이 남경시박물관 입장권에는 박물관 이름도 작게 표시되어 있다.

유리배(동진시대): 중동 페르시아의 영향을 보이는 이 유리배(잔)는 동진시대 (317~420) 제품인데 6세기 경주 신라 무덤에서 출토된 것과 맥을 같이한다.

六朝風采
南朝 青瓷蓮花尊
Porcelain zun with lotus pattern
Southern dynasties

151

청자연화존(남조시대):연꽃·인물·풀 등이 조각된 이 청자
는 남조시대(420～589)에 만들어진 것이다. 매우 화려하고 장
식적이다. 중국 남조문화는 백제에 많은 영향을 주었다.

전 · 남경향토사료전 · 남경인민혁명사적전 · 고대서화정품전 · 명조왕공귀족문물전 등을 열면서 남경시의 향토문화 발전에 힘썼다. 소장유물은 10만 점에 가깝다. 이 가운데 육조시대 문물이 가장 좋고 많다.

볼 만한 유물로는 동진시대의 묘지, 도우차와 도용, 벽사 · 청자호 · 청자연화존 · 청자양 · 청자토형수주 · 앵무라배 · 유리배 · 청자매병 · 세한삼우도매병 · 옥대 · 기린문작복 · 금릉팔경선면화 · 산수책 · 수촌도축 · 손중산유묵 등이 있다. 또 근현대사 자료도 많이 있다. 즉 임측서 · 강유위 · 황룡 · 우우임 · 하향응 · 송경령 · 풍옥상 · 도행지 · 곽말략 · 제백석 · 장대천 · 서비홍 · 황빈홍 · 부포석 등의 글씨와 그림도 많이 있다.

메 모

주소 : 남경시 조천궁 6호
전화 : 025-4465317
우편번호 : 210004
입장료 : 5원
휴관 : 월요일

8
쭝산링
(中山陵 : 중산릉)

중국에는 중산이라는 이름이 많다. 산·도시·길·호수·건물·
공원 등에 많이 붙여 쓰고 있다. 옛날에도 그랬지만 중산 손문
(1866-1925) 중화민국 초대 총통이었던 손문이 죽은 후 더욱 그의
호를 따서 쓰고 있다. 특히 어느 도시를 가봐도 중산로는 거의 다 있

중산릉 입장권:중화민국 초대 총통, 중국의 국부, 삼민주
의 제창자, 민주혁명운동가였던 중산 손문(1866~1925)이
묻혀 있는 남경의 중산릉은 황제의 능묘만큼 크다.

중산릉 전경:광장·3간정문·비정·제당 순서로 보이는 중산릉 전경이다. 자금산 (종산) 남록에 있어 위치도 좋고 경치도 아름답다.

손문 전신의 좌상:의자에 앉아 있는 모습의 이 손문 좌상은 흰색 대리석으로 만들었
는데 높이가 5m나 된다. 단아하고 의연한 모습이다.

명효릉 신도:명나라 태조 주원장의 묘인 효릉의 신도(능으로 들어가는 길) 양쪽에는
많은 돌짐승들이 있다. 명태조(1368~1398) 능만 남경에 있다.

다. 그만큼 신해혁명을 일으키고 민주공화국을 세운 국부 손문에
대한 숭배심은 영구적인 것 같다. 그가 태어난 고을 이름까지 향산
현을 중산현으로 고칠 정도다.

　남경의 동쪽 교외 종산(자금산)남로에 있는 중산릉은 1929년 6월
에 조성한 그의 능묘다. 손중산이 1925년 3월 북경에서 서거한 후
3년이나 걸려 거대한 묘역을 조성하고 만든 이 능묘는 20세기 중국
에서는 최초이며 최후로 국장을 치른 후 만든 것이다. 명태조의 효
릉 근처에 있어 더 위엄이 넘친다.

　묘실은 해발 1백58m의 높은 곳에 있고, 묘역은 8만여㎡에 이른
다. 전체 모습은 경종형이다. 백성들에게 혁명을 완수하라는 경종

영 곡 탑·중산릉 앞쪽에는 영곡사라는 작은 절이 있는데 이곳의 영곡탑(9층 전탑)은 매우 아름답고 잘생긴 중국 전통양식의 탑이다.

을 울리는 뜻이라 한다. 능묘의 앞쪽에는 넓은 반달 모양의 광장이 있고 그 남쪽에는 손중산 동상이 서 있다. 광장을 지나 돌계단을 올라가면 석패방이 있고, 그곳을 지나 4백80m의 묘도를 따라 올라가면 정문(3간)이 있는데 가운데 문 위에는 손문이 쓴 천하위공(天下爲公 : 세상은 모든 사람을 위한 것이라는 뜻) 네 자가 새겨진 현판이 걸려 있다. 정문을 지나 위로 가면 비정이 있는데 비정 안에는 높이가 9m나 되는 석비가 서 있다. 능묘 입구에서 제당까지는 3백92 계단인데 이것은 1929년도의 중국인구가 3억9천2백만 명임을 나타낸 것이다.

제당의 가운데에는 단정하게 앉아 있는 모습의 손문 좌상(흰색 대리석상)이 있다. 높이는 5m. 제당 뒤에는 묘실이 있고, 묘실 중앙에는 대리석원절이 있으며, 주위는 대리석 난간으로 둘렀다. 그리고 그 한가운데에 손중산의 대리석 와상이 있고, 그 와상 석좌 아래 (5m 깊이의 아래)에 손중산의 시체가 안장되어 있다.

중산릉은 결국 중국 전통식과 서양식을 혼합하여 만든 것이라 할 수 있다. 전체적인 구조와 개개 건물의 외모, 비석과 묘도, 조각물의 크기와 색채, 자료의 세부 처리 등에서 다 그렇다. 어마어마하게 크고 장엄한 중산릉을 보고 나오면서는 입구 근처의 손중산 기념관 · 남경미령궁 · 영곡탑 · 명효릉 등도 보는 것이 좋다. 물론 이렇게 다 보려면 4~5시간은 걸린다. 필자는 미령궁과 영곡탑을 본 후 중산기념관에 들어가 손문에 대해서 다시 한 번 공부를 하고서 중산릉으로 올라갔다. 혼자 다니는 여행이었기 때문에 시간에 구애받지 않고 공부하면서 다녔다. 명효릉에서는 석각조형물들에 더 많은 관심을 기울이기도 했다.

메모

주소: 남경시 종산남로
전화: 43973
우편번호:
입장료: 25원
휴관: 연중무휴

9

쑨쭝산지니엔꽌
(孫中山紀念館: 손중산기념관)

현대 중국(20세기)에서 가장 많은 기념관을 가지고 있는 사람은 손문이고 그 다음은 모택동일 것이다. 중국을 여행하면 어느 도시 어느 마을이든 이들을 기념하는 곳(기념관 · 기념당 · 고거 · 구지 등)이 있게 마련이다. 지나치게 많다. 우상화가 심하다 할 정도다. 어마어마하게 큰 것은 대만의 국부기념관 · 광주의 중산기념당 · 남경의 손중산기념관 등이라 하겠다.

남경의 손중산기념관은 중산릉과 영곡사 사이 숲속에 있다. 1936년 10월에 중국 고전식 궁전건축을 모방하여 지었는데, 본관(장경루) · 도서관(서원) · 비랑 등으로 구성되어 있다. 건축면적은 3천여 ㎡다.

본관인 주루는 장경루라고도 하는데 청나라 때 라마교 사원 형식으로 지은 4층 건물이다. 지붕은 녹색과 황색의 유리기와를 덮었고, 기둥과 기타 부재는 황색과 홍색으로 아름답게 칠했다. 1층 대청벽

중산기념관 본관:주루(본관)라고도
하는 이곳은 라마교 사원 형식으로
지은 4층 건물인데 손문의 유언과
건국대강 등이 벽에 서각되어 있다.

손문 동상:주루(장경루,본관) 앞
에 서 있는 손문 동상이다. 높이
는 2.6m. 주변의 자연과 어울려
더욱 엄숙하게 보인다.

에는 총리 유언, 손문이 쓴 건국대강 등이 서각되어 있다. 실내에서는 여러 가지 관계 역사자료를 방영하고 있다. 내용은 손문 생시의 활동상황과 중산릉에 안장되는 장면 등이다.

2층은 손문의 사적을 4개 전시실로 나눠 전시하고 있다. 진열 면적은 3백 14㎡. 3백 78점의 실물자료와 사진 등이 전시되어 있다. 내용은 9개 분야로 나눠져 있다. 즉 소년장지 · 분주혁명 · 창건민국 · 토원호법 · 병서건릉 · 영접봉안 · 능원송석 · 호기장존 등이다. 특히 중산릉의 조성장면, 중산릉의 벽화, 중외 유명인사의 참배장면 등은 다른 곳에서는 볼 수 없는 장면들이다. 또 이곳에는 손문의 저서, 손문 관계 도서, 기념물과 연구서, 대만의 국부기념관에서 보내온 기념품 등도 전시되어 있다.

본관 뒤에는 길이가 1백85m나 되는 비랑이 있다. 벽에는 1백38개의 청석판에 새긴 손문의 삼민주의 (전문 16장, 15만5천여 자)가 붙어 있다. 글씨는 모두 해서체인데, 장내공 · 진천석 · 정홍년 · 진중경 · 채윤 · 왕현 등 유명한 서예가들이 썼다. 장대한 모습이다. 물론 본관 앞 광장에는 손문의 전신 입상(높이 2.6m)이 서 있다.

기타 시설로는 문사자료연구실 · 손문 서재 · 송경령과 손과의 휴식실, 기념품 판매실 · 식당 등이 있어 편리하다. 송경령(1893-1981)은 손문의 둘째 부인이고, 손과는 첫째 부인이 낳은 아들인데 이들은 1949년까지는 가끔 이곳을 찾아와 참배했지만, 그 이후엔 오지 않았다. 손과는 장개석과 함께 대만으로 가서 생애를 마쳤기 때문에 더욱 그러했다.

중산서원:주루 옆에 있는 중산서원에는 연구실 · 사무실 · 손문 서재 · 식당 등이 있다. 일종의 연구동이다. 아담한 2층 건물이다.

메모

주소: 중산릉과 영곡사 사이

전화: 025) 4432711

우편번호: 210014

입장료: 5원

휴관: 연중무휴

10
난징메이링꿍
(南京美齡宮 : 남경미령궁)

상해의 부자집 세 딸로 자라 함께 미국 유학을 마치고 귀국한 송 애령·경령·미령 자매는 결혼 후부터는 완전히 다른 인생길을 걸었다. 애령은 대부호의 아내, 경령은 손문의 아내, 미령은 장개석의 아내가 되고 온갖 영욕을 맛보았다. 지금은 두 언니는 세상을 떠났고 막내인 미령만 남았다. 102세(2001년 2월 현재). 절세미인들이었지만 자식을 두지는 못했다.

어떻든 중국현대사에서 이름을 떨치던 이 세 자매를 기념하는 곳은 여러 곳에 있지만 미령이 살던 집이 아직도 공산치하의 남경에 남아 있다는 것은 의외였다. 특히 손중산의 능묘 가까운 숲속에 있다는 사실은 필자를 놀라게 했다. 또 이 집은 국민정부 주석 관저이기도 했으니….

남경미령궁이라는 이 기념관은 중국 근대 우수건축물인데 그녀가 직접 설계하고 지은 집(1931)이어서 더욱 가치가 있다. 전체 모습은

163

南
NAN
单位
税识别
宁地(9

164

송미령과 언니들:송애
령·경령·미령 세 자
매는 20세기 중국에서
가장 유명한 여성이면
서 아름다운 여자들이
었다. 1920년대 사진이
다.

남경미령궁 입장권:장개석 국민정부 총통의 부인이었던 송미령이 1931년에 직접 지은 이 미령궁은 중산릉 앞쪽 숲속에 있는 3층집이다. 70년된 집인데도 깨끗하게 보존되어 있다.

송미령 침실:총통사저이기도 했던 이 집에는 방(거실·침실·서재·식당·예배실·회의실 등)이 많은데 송미령 (1898년생 미국에 거주중) 침실은 아주 널찍했다.

타원형의 목걸이 장식처럼 되어 있고 중심에 저택을 두었다. 외모는 중국 전통건축양식이지만 내부는 서양식으로 했다. 3층으로 되어 있는데 방이 무척 많다. 즉 손님대기실 · 거실 · 식당 · 침실 · 예배실 · 회의실 · 장개석 서재 · 연회실 · 단체 식당 · 주방 등이다. 모든 방은 지금도 사람이 살고 있는 것처럼 꾸며져 있고 사진이 많이 걸려 있어 관람자들의 발길을 붙든다. 이 집에서 10여 년간 살던 장개석과 송미령의 부귀영화를 생각하면서 옛날 사진과 유물들을 보게 된다.

이 집을 둘러싸고 있는 길은 마음 심자로 되어 있다. 송미령이 자기의 마음(어떤 마음인지는 알 수 없지만)을 나타내고자 한 것이다. 중국문화유산기행을 하면서 필자는 너무나 많은 역사를 배우고 다녔다.

메모

주소 : 남경 중산릉 9호
전화 : 4431491
우편번호 : 210014
입장료 : 8원
휴관 : 연중무휴

11
위화타이리에스지니엔꽌
(雨花臺烈士紀念館 : 우화대열사기념관)

우리 나라 천안에 있는 독립기념관 같은 성격의 기념관·박물
관·능원 등이 중국에는 대도시마다 있다. 그만큼 역사와 선열에
대한 관심과 숭배감이 많기 때문일 것이다. 침략자 일본군에 대항
하다가 죽은 애국자들과 국민당군에 잡혀 죽은 공산주의자들 그리
고 민주화운동을 하다가 죽은이들을 위한 기념관인데 중국혁명박
물관(북경)·우화대열사기념관(남경)·남경학살기념관(남경)·할
빈열사릉원(할빈)·9·18역사박물관(심양)·여순만충묘기념관(대
련)·용화열사릉원(상해)·가락산열사릉원(중경)·광주기의열사릉
원(광주)·광동혁명역사박물관(광주)·2·28기념관(대만) 등이다.
　우화대는 경치가 좋은 곳이어서 풍경구로 지정되어 있는데 이곳
에 어마어마한 시설을 갖춘 열사기념관과 거대한 기념비가 있다.
정문에서 기념관까지는 약 2km이고 2층 U자형, 면적 5천9백㎡나
되는 기념관의 10개 전시실과 야외의 거대한 기념비(높이 42.3m)

우화대풍경구 입장권:남경에서 가장 아름다우면서도 처참한 역사를 가지고 있는 우화대풍경구에는 많은 관람객이 사철 찾아와 선열의 애국·애족정신을 배운다.

까지 보려면 3시간은 걸린다. 그래도 볼 만하다. 볼수록 중국·중국인·중국역사를 알게 되니까 그렇다.

비오는 날 꽃잎처럼 사라져 간 젊은 넋들을 위로하는 이곳은 1954년 우화대열사사료진열실로 출발한 후 계속 확장하여 1988년 오늘의 모습으로 재개관되었다. 거대한 기념비는 1989년에 준공되었는데 대석 양쪽 비랑에는 공산당선언·신민주주의론 등이 새겨져 있다. 이 기념비와 기념관 사이에는 우화호·기념교·열사조상 등이 있고, 양쪽 끝에는 중화인민공화국 국가와 국제가 등의 노래가 5개 민족(한·장·몽·위글·장족) 문자로 새겨져 있다. 5족 협화를 상징한다.

기념관과 기념비 주위에는 9명의 젊은 남녀열사를 조각한 군상·열사묘역·동순난처·서순난처·화훼구·기념다원구·청소년활동구 등이 있다. 모든 시설과 유물이 장엄하면서도 우아하다. 중국인들의 역사의식과 미의식을 충분히 살려내고 있는 곳이다.

우화대열사 조각상:9명의
젊은 남녀열사를 조각한
이 군상은 형장에서 사라
질 운명이면서도 의연한
모습을 보여주고 있다. 9는
완전수여서 127명(기념관에
모신 열사들)을 대표한다.

등소평의 글씨:1983년 등소평 주석
이 쓴 우화대열사기념비명. 등소평
의 글씨는 중국 전국의 여러 곳에서
볼 수 있는데 남경의 우화대와 상해
의 송경령릉원 것이 유명하다.

기념관 안에는 1백27명의 열사명 생졸년 업적 등을 자세히 기록한 명부, 열사들의 유물과 상징물, 관계자료·사진 등이 잘 정리 전시되어 있어 보는 사람의 눈시울을 뜨겁게 한다. 25살 때인 1926년에 감옥에서 죽은 공산당원, 31살에 죽은 공산당원과 그의 글, 26살에 죽은 여당원과 그의 글, 22살에 우화대에서 총살당한 학생, 19살에 우화대에서 죽은 여당원의 글씨와 그림, 35살에 죽은 당원과 그가 지은 토지혁명가, 「나 한 사람 죽는 것은 아깝지 않으나 전국 인민이 아직도 해방되지 않았으니 그 책임을 면할 수는 없는 것이 천고의 유감이다」는 유언을 남기고 죽은 28살의 공산당중앙위원, 남경이 해방되기 며칠 전(1949. 4. 19)에 잡혀 죽은 22살의 대학생 등이 모두 열사가 되어 있다. 필자는 할빈열사능원에서 14살의 여학생 열사도 본 적이 있다.

　　이 우화대열사기념관에는 사철 방문객이 끊이지 않는다.(연평균 1백만 명) 명승풍경구여서 일반관광객도 많고 교육기지이기 때문에 청소년들이 선열정신교육을 받으러 많이 온다.

메모

주소 : 남경시 중화문외 우화로

전화 :

우편번호 : 210012

입장료 : 15원

휴관 : 연중무휴

12
총통뿌
(總統府 : 총통부)

한국의 근현대사도 험난했지만 중국의 근현대사도 전쟁 · 혁명 · 사변 등으로 점철되어 있다. 불과 1백여 년 사이에 건물주인이 수없이 바뀌는 일도 많았다. 다사다난했던 중국역사의 산 증인이 많은 것이다.

남경의 총통부도 그렇다. 남경시 장강로 292호에 있는 많은 건물들의 주인도 수없이 바뀌었다. 청 건륭황제의 행궁, 청나라 때의 양강총독서, 아편전쟁 때의 남경조약 체결지, 태평천국 때의 천왕부, 중화민국 초대총통부, 장개석 국민정부의 총통부, 왕정위정권의 총통부, 중국근현대사박물관(총통부문물사료진열관) 등으로 사용되었다. 웅장한 모습의 대문 위 옥상에는 수없이 깃발이 바뀌면서 펄럭였다. 바뀐 주인의 직함은 도독 · 총사령 · 임시대총통 · 장군 · 독군 · 독반 · 주임 · 주석 · 총통 등이었고, 주인공은 임술경 · 손중산 · 황흥 · 풍국장 · 장중정 · 호한민 · 왕조명 · 손과 등 수없이 많

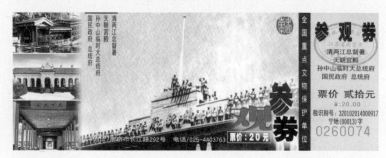

총통부 입장권:이 입장권에는 4가지 명칭(청 양강총독서 · 천조궁전 · 손중산 임시대
총통부 · 국민정부 총통부)이 있어 지난날의 복잡한 역사를 잘 말해주고 있다.

총통부 정문:지금은 중화인민공화국의 국기인 5성홍기가 펄럭이고 있지만 지난날에
는 청천백일기 · 일장기 등 많은 깃발이 펄럭였다.

았다.

많은 건물(중국식 · 서양식 · 중서 절충식)에는 생활용구 · 유물 · 도서 · 문헌 · 사진 · 도표 등이 전시되어 있다. 기념품 판매소에서 책을 사면 기념도장을 찍어 주는데 글의 내용은 「손중산임시대총통반공실구지참관유념」으로 되어 있다. 손중산 한 사람만 내세우고 싶은 것이다.

본래부터 유서 깊은 곳이었기 때문에 총통부 구내에는 좋은 건물도 많고 정원도 아름답다. 물론 수백 명이 이 안에서 살고 일을 했기 때문에 시설도 완벽했고 장개석 총통의 관저도 이 안에 있다.

데 이 터		
주소 : 남경시 장강로 292호		
전화 : 025)4403763		
우편번호 :		
입장료 : 20원		
휴관 : 연중무휴		

总统府历史沿革

(1911 年 12 月 ~ 1949 年 4 月 23 日)

政权名称	主官称谓	主官姓名	任职时间
宁军都督府	都督	林述庆	1911.12.
江浙联军总司令部	总司令	徐绍桢	1911.12.
中华民国临时政府	临时大总统	孙中山	1912.1.1. - 4.1.
南京留守府	留守	黄兴	1912.4.1. - 6.14.
江苏都督府	都督	程德全	1912.6.14. - 1913.7.16.
讨袁军总司令部	司令	黄兴	1913.7.15. - 7.28.
江苏都督府	都督(代)	章梓	1913.7.
讨袁军总司令部	司令	何海鸣	1913.8.8. - 9.1.
江苏都督府	都督	张勋	1913.9.1. - 9.12.
江苏都督府	都督	冯国璋	1913.12. - 1914.6.
江苏将军府	将军	冯国璋	1914.6. - 1916.7.
江苏督军署	督军	冯国璋	1916.7.6. - 10.30.
中华民国政府副总统府(江苏督军署)	副总统(督军)	冯国璋	1916.11. - 1917.8.1.
江苏督军署	督军(代)	齐耀琳	1917.7.
江苏督军署	督军	李纯	1917.8. - 1920.10.12.
江苏督军署	督军	齐燮元	1920.10.15. - 1924.12.11.
江苏督军署(督办公署)	督办(代)	韩国钧	1924.12. - 1925.1.
江苏督办公署(宣抚使署)	督办(宣抚使)	卢永祥	1925.1. - 8.
江苏督办公署	督办	郑谦	1925.8.
江苏督办公署	督办	杨宇霆	1925.8. - 11.25.
江苏督办公署(后称五省联军总司令部)	督办总司令	孙传芳	1925.11.25. - 1927.3.24.
直鲁联军联合办事处	主任	张宗昌	1927.3.19. - 3.24.
国民政府军事委员会	主席团委员	蒋中正等	1927.4.
国民政府	常务委员	胡汉民 古应芬 伍朝枢 张人杰	1927.4.18. - 9.17.
国民政府	常务委员	汪兆铭 谭延闿 胡汉民 蔡元培 李烈钧	1927.9.17. - 1928.1.
国民政府	常务委员	汪兆铭 谭延闿 胡汉民 蔡元培 李烈钧 于右任 蒋中正 孙科 林森	1928.1. - 2.
国民政府	主席	谭延闿	1928.2. - 10.

174

총통부 역사연혁
표:1911년 12월부터 1949년 4월까지 이곳에는 27개의 정부와 기관이 들어있었음을 보여주는 표이다. 권력과 역사의 무상함을 말해주기도 한다.

13
루쉰지니엔꽌
(魯迅紀念館 : 노신기념관)

폐암으로 체중이 35kg으로 줄어든 55세의 노신(1881-1936)은 세상을 떠나기 이틀 전에도 글을 썼다. 평생을 혁명정신으로 무장하고 치열하게 산 노신은 17살 때 고향(절강성 소흥)을 떠난 후 북경·항주·소흥·하문·남경·상해·광주 등지에서 교사와 작가 생활을 하면서 살다가 상해에서 서거했고, 무덤은 상해 노신공원(전 홍구공원)에 남겼다. 또 아들 하나와 손자 손녀 넷을 남겼다.

7년간 일본 유학을 하기도 한 노신은 육신의 병을 고치는 의사가 되는 대신에 (중국인의) 마음의 병을 고치는 문장가가 되기로 결심하고 30살 때부터 글을 쓰기 시작했다. 그리고 비밀 혁명단체의 회원이 되었다. 1918년(37세)에는 유명한 광인일기를 발표했고, 이해부터 주수인이라는 본명 대신에 노신이라는 필명을 쓰기 시작했다. 그리고 왕성한 창작생활을 하면서 약·내일·풍파·고향·아Q정전·열풍·방황 등의 소설과 시집 및 산문집 등을 발표했다. 또 [중

상해 노신기념관:상해 노신공원 안에 있는 노신기념관은 노신(1881~1936)의 생애·업적·관계유물·무덤·일상생활 등을 가장 잘 입체적으로 볼 수 있는 곳이다.

노 신 상:담배를 지나치게 핀 골초(애연가)였던 노신은 결국 55세의 나이에 폐암으로 떠났다. 이 노신 조각상은 기념관 안으로 들어가면 왼쪽에 있다.

국무산계급혁명문학과 전위대의 피]라는 논문도 발표했고, 노서아어·일본어·독일어에 능통하여 외국소설도 중국어로 번역했으며, 민중 미술운동 특히 신판화 보급운동에도 심혈을 기울였다.

어둡고 참담한 시절에 머지않은 곳에 빛이 있음을 말하면서 세상을 떠난 노신은 참다운 문학가·혁명사상가·민족혼의 모범으로 영원히 남아 있기 때문에 그의 기념관은 언제 어디서나 빛나고 있다. 모택동도 그를 「위대한 문학가·위대한 사상가·위대한 혁명가이며, 가장 정확하게, 가장 군세게, 가장 용감하게, 가장 충실하게, 가장 뜨겁게 산 민족영웅이다」고 추앙하였다.

展厅一角: 书墙

서 랑:중국과 세계 각국에서 출판
된 노신의 저서·노신관계도서·
잡지 등 수백 권의 책이 양쪽 벽
에 부착 전시되어 있다. 서랑이라
고도 하고 서잠이라고도 한다.

　필자는 이 책(제1권) 북경 노신박물관편에서도 언급했지만 상해
의 노신기념관과 노신고거(노신기념관에서 5백m쯤 떨어진 곳에 있
는 3층 연립주택)에 대해서 비교적 자세히 설명하고자 한다.

　노신기념관은 본래 그가 살던 상해 산음로 대륙신촌 9호와 10호
에 설립(1951년 1월)했으나 가까운 노신공원으로 새건물을 짓고 옮
겼다. 그러나 다시 1998년 8월에 대대적인 확장공사를 벌이고 1999
년 9월 노신탄신기념일에 준공 개관했다. 2층 정원식의 강남 민가
풍격을 지닌 건물이면서 현대박물관의 기능을 다하도록 설비를 갖
췄다. 노신공원의 동쪽에 있는 아담한 백색의 기념관 부지는 4천2

특별전시실:분류예원이라는 현판이 붙어 있는 이 방은 특별전시실인데 주제별 전시를 하고 있다. 시설도 최신식이며 전시 내용물도 우수하다.

조화문고:기념관의 1층에 있는 조화문고는 16명의 문인들이 평소에 사용한 서재를 재현한 것이다. 방안의 모습은 조금식 다르나 잘 정돈되어 있다.

백㎡이다. 지하1층은 문물보관창고, 지상1층은 특별전시실·학술대회실·조화문고·중정백초원·사무실·식당, 지상2층은 노신 생애실(6개 전시실)·화원·다매체조작실·사무실·서점 등으로 되어 있다.

중국에서 가장 고급스러운 인물기념관인 이곳은 전체 직원의 60퍼센트가 연구인원이며, 문물문헌자료도 20여만 점이다. 노신의 원고·유물·문헌·사진·조소·납상·도표·영상자료·모형 등이 계통적으로 노신의 생애·사상·업적 등을 잘 보여주고 있다.

바위 위에 걸터앉아 담배를 피우면서(이 담배 때문에 폐암에 걸렸고, 지금도 무덤 석관 위에 관람객이 던진 담배가 쌓여 있다.) 생각에 잠겨 있는 노신 좌상을 중정에서 본 후 조화문고를 가면 노신이 살아 있을 때 가깝게 지낸 문인들의 서재(4평 정도씩 된다)가 16개 있다. 그의 제자며 아내였던 허광평을 비롯하여 장광년·장애평·왕광영·교석·역군·왕기·정사원 등이다. 방안의 모습은 조금씩 다르나 책과 집기 등이 잘 정리 정돈되어 있다.

2층 노신 생애실의 시설과 내용은 놀라울 정도로 잘 되어 있다. 노신의 생애, 창작 내용, 각국에서 출판된 노신 관계문헌(수백 권이 벽에 부착되어 있는 서랑), 소설의 무대장치 모형(아Q정전 등)과 사진 등이 완벽하다.

다 자세히 살펴본 필자는 우리 한국에는 아직도 이런 곳(문학가의 제대로 된 기념관)이 없구나 하면서 부러움을 감추지 못했다.

노신의 묘는 본래는 상해만국공원묘지(지금의 송경령능원)에 있었는데 20년 만인 1956년에 홍구공원 북쪽으로 이장하고 공원 이름도 노신공원으로 고쳤다. 민족혼에 대한 대접이 이처럼 극진하였다. 묘비문(魯迅先生之墓)은 모택동 주석이 썼다. 묘역은 1천6백㎡다. 묘 앞에는 노신의 전신의좌상(동상)이 있다.

　노신 고거(1933.4 ~ 1936.10., 3년6개월간 살던 3층연립주택)도 잘 정리되어 있었고, 관람자도 줄을 이었다. 노신은 이곳에서 화변문학 등 문집을 썼고, 외국 문학작품도 번역했다. 이 집은 현재 상해문물보호단위로 지정되어 있다. 북경의 노신 고거는 단독주택(사합원)이었고 상해 고거보다는 좋았다는 점은 이미 말한 바 있다. 필자는 북경 · 상해 · 광주 등에 있는 노신기념관을 찾아가 보면서 한 위대한 문학가의 전범을 확인할 수 있었다.

메 모

주소 : 상해시 사천북로 2288호
전화 : 65402288
우편번호 :200081
입장료 : 15원
휴관 : 연중무휴

14
샹하이뽀우꽌
(上海博物館 : 상해박물관)

　1952년에 개관한 상해박물관은 종합적인 예술박물관인데 50년 역사를 6단계로 나눠보면 다음과 같다.

　초창기(1950-1953) : 1950년 상해박물관을 설립하기로 하고 유물을 수집한 후 1952년 12월에 개관했다. 위치는 남경서로 325호. 10개 진열실에 석기 · 청동기 · 도자기 · 옥기 · 글씨 · 그림 · 기타 공예품 등을 전시했다.

　건설기(1953-1965) : 1959년에 하남남로 16호로 옮겨 전시실을 넓혔다. 여러 기구도 증설했으며, 소장품의 질과 양도 확대했다. 1965년에는 상해박물관공작강요 등을 마련했다.

　정돈기(1966-1972) : 문화대혁명이 시작된 후 혼란 속에서 박물관의 여러 업무도 정지되었다. 70년대초에야 부분적으로 업무는 회복되었고, 1972년엔 상해출토문물전을 개최하였다.

　회복기(1973-1985) : 박물관의 성격을 종합진열에서 전문진열로

上海博物館

상해박물관 정문:50년 역사를 가지고 있는 상해박물관은 1996년 가을 새 건물로 옮긴 후 세계적인 박물관이 되었다. 유물도 21개 분야에 12만 점이 있다.

185

상해박물관의 야경:아래는 사각형 위는 원형 즉 천원지방(天圓地方) 모양으로 지은
건물은 중국의 전통사상을 나타내면서 기능면에서도 역할을 잘 하고 있다.

바꿨다. 청동기 · 도자기 · 고대조각 · 서화 등 4개 전문진열실을 개
관했다. 소장품도 꾸준히 늘려 나갔다.

발전기(1986-1992) : 전문진열실에 새로운 학술연구성과를 반영
하였으며, 진열방법도 참신하게 바꿔 세계적인 수준으로 높였다.
용오로 118호에 4천㎡의 참고품 보관창고와 문물보호기술실험실을
마련했다. 홍교로 1286호에 분관인 중국전폐관을 설치했다.

신관기(1993-현재) : 상해 중심지역인 인민광장 앞(인민대로 201
호)에 신관을 신축하기 시작(1993년 8월)하여 3년 만에 준공(1996
년 10월)했다. 건축면적 3만 9천 2백㎡, 높이 29.5m의 거대한 천원
지방(天圓地方)형 5층 건물이다. 소장 유물도 21개 분야에 걸쳐 12

중국고대조소관 내부:석각 · 목조 · 니소 · 동주 등 예술조소작품(주로 불교미술품) 1백20여 점을 전시하고 있는 곳인데 유물도 좋고 전시 방법도 매우 훌륭하다.

만 점에 이르게 되었다.

그러니까 1996년 가을부터 완전히 달라진 상해박물관의 모습은 규모 · 설비 · 유물 · 관람객 · 교육프로그램 등에서 세계 일류라고 할 수 있다. 상해를 갈 때마다 들어가 보면 변화를 실감하게 된다. 11개 상설전시관과 3개 특별전시관(전람청)에서는 늘 좋은 전시가 열리고 있고, 강당에서는 매월 2가지씩의 특별강좌가 열렸다. 지난 2000년에는 청동기의 주조, 초원제국의 강성, 명청가구의 감정 등 25개 강좌가 열렸으며, 내몽고문물정품전 · 스웨덴 유리예술전 등 5개 특별전이 열렸다.

지금부터 층별 · 전시관별 · 기능별 등으로 나눠 자세히 보면 다

188

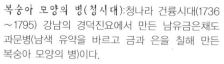

복숭아 모양의 병(청시대):청나라 건륭시대(1736
~1795) 강남의 경덕진요에서 만든 남유금은채도
과문병(남색 유약을 바르고 금과 은을 칠해 만든
복숭아 모양의 병)이다.

왕몽의 은거도(원시대):원말 4
대 화가 중의 하나였던 왕몽
(1309~1385)이 그린 그림인데
그의 화풍(고원산수화의 구도와
우모준법 등)이 잘 드러나 있다.

음과 같다.

1층에는 중국고대청동관·중국고대조소관·제1전람청·영사실·상점·식당 등이 있다. 물론 가운데에는 넓은 중앙홀이 있어 시원스럽다.

중국고대청동관에 전시되어 있는 청동기는 세계적으로 널리 알려진 것이 많다. 4백여 점이 있는데(기원전 18세기부터 기원전 3세기까지의 크고작은 청동기) 최근 수집한 것이 많다. 중국청동기예술의 최고 수준을 보여주고 있는데, 제조과정도 잘 설명하고 있다. 청동기의 질과 양 등 모든 면에서 북경이나 대만의 고궁박물원 소장품보다 월등하다.

중국고대조소관에 있는 유물(주로 불상) 역시 놀랍도록 좋다. 1백20여 점의 전시품은 금색·홍색·흑색 조명을 받으면서 엄숙하면서도 호화로운 모습을 보여주고 있다. 금불·니불·목불·청동불·석불·도불 등이 관람자의 발걸음을 멈추게 한다. 아름답고 아름답다.

2층에는 중국고대도자관·수시구입도자관·제2전람청·상해문물상점분관·다실 등이 있다. 중앙홀에서 걸어서 올라가거나 에스컬레이터와 엘리베이터를 타고 올라간다.

중국고대도자관은 1천3백㎡나 되는데, 5백여 점을 7개 분야로 나눠 전시했다. 신석기 시대의 채도·화도, 상주시대의 원시청자, 위진남북조 시대의 정미한 청자, 당대 이후 남방에서 만든 청자와 북방에서 만든 백자 등이 있다. 특히 원명청대 경덕진에서 만든 명품이 많다. 8천 년간의 중국도자사를 한 눈으로 볼 수 있다.

옥양(후한시대):후한시대(25~220)에 만들어진 이 옥으로 만든 어린 양의 크기는
높이2.9cm, 길이 5cm이다. 앙징스럽게 작으면서도 예쁘다.

3층에는 중국역대회화관·중국역대서법관·중국역대쇄인관 등이 있다. 그러니까 중국의 글씨·그림·도장을 볼 수 있는 곳이다.

중국역대회화관에는 명작만 1백20여 폭이 전시되어 있다. 관람자가 가까이 가면 조명이 밝아지고, 지나가면 흐릿해지는 진열장 안에 있다. 자동조절 감응 조명시설이다. 작품은 시대별·화파별로 전시되어 있는데 청말 해상파 작품까지 있다.

중국역대서법관에는 60여 폭이 전시되어 있다. 동진시대 왕헌지 작품부터 청말까지의 명품이 고루 전시되어 있다.

중국역대쇄인관은 중국에서 유일한 쇄인(도장) 전문전시실이다. 1백20여 평의 전시실에는 5백여 점이 아기자기하게 잘 전시되어 있다. 상해박물관에는 1만여 점의 각종 도장이 소장되어 있다. 전시실의 진열장은 도장의 크기와 모양에 따라 조금씩 달라서 관람자의 흥미를 더욱 끌고 있다.

4층에는 중국고대옥기관·중국명청가구관·중국소수민족공예관·중국역대전폐(화폐)관·제3전람청 등이 있다.

중국고대옥기관에는 4백여 점의 옥제품이 전시되어 있다. 신석기 시대의 옥제품부터 청나라 때까지의 크고작은 유물이 갖가지 빛깔의 조명을 받으면서 예쁘게 진열 전시되어 있다. 다섯 가지 덕을 갖춘 값비싸고 아름다운 옥제품을 보게 되면 사랑하는 사람에게 갖다 주고 싶은 마음이 저절로 생긴다.

중국명청가구관에는 1백여 점의 가구가 5개 분야로 분류되어 있다. 화려하고 세련되고 단아하고 복잡하고 크고 작고 묘한 가구들이 눈을 끈다. 주로 명대 가구로서 기증품이 대부분이다.

중국소수민족공예관에는 소수민족들의 복식공예·금속공예·조각공예·칠기공예·도자공예·등죽공예 등이 6백여 점이나 전시되어 있다. 수백 개의 가면을 걸어둔 벽면도 눈부시다.

중국역대전폐관에는 선진시대부터 사용한 각종 화폐를 7개 분야로 나눠 7천 점 정도를 전시했다. 실크로드에서 발굴해온 화폐도 있다.

상해박물관에는 20여만 권을 가지고 있는 도서관(개가식 열람)도 있고, 전통가옥 양식으로 꾸민 귀빈청도 있다. 또 문물수복연구실·박물관교육실·고고과학실험실·영사실 등도 있다.

메모

주소 : 상해시 인민대로 201호
전화 : 63723500
우편번호 : 200003
입장료 : 20원
휴관 : 월요일

15

샹하이쯔란뽀우꽌

(上海自然博物館 : 상해자연박물관)

필자가 찾아가 본 중국의 자연(자연사)박물관은 북경·천진·상해·중경·대만·장춘·대련 등이었는데, 상해의 자연박물관이 제일 낙후된 곳이었다. 건물·시설·관리·소장품 등이 다른 곳에 비해 좋지 않았다.

1956년 11월에 개관한 이곳에는 동물학·식물학·천문학·고생물학·지질학·인류학 등 여러 종류의 자연과학 분야를 포함한 종합박물관의 성격을 띄었다. 6층 건물이었으나 1923년에 지은 것이어서 많이 낡았다.

1층에는 대형 공룡 등 옛날 동물의 박제가 많았고, 미라도 있고 고인류의 탄생과정도 있었다. 물론 표본들이었다.

2층에는 무척추동물(산호·곤충·게 등)과 어류가 전시되어 있었다. 천진이나 대련의 자연박물관 소장품과 종류에서는 별다른 차이가 없었으나, 전시 방법에서 많은 차이가 있었다.

票价: 伍元

№ 0100559

상해자연박물관 입장권:70년된 건물 안에 있는 상해자연박물관은 박물관으로서의 기능을 제대로 하지 못하고 있었다. 유물·진열장·전시 방법 등이 다 낙후되어 있었다.

3층에는 양서류·파충류·조류·짐승(수)류 등이 전시되어 있다.

이 상해자연박물관에는 24만 점의 소장품이 있고, 이것을 전시·연구·교육하기 위하여 동물학부·식물학부·과학교육보급부·자료부·미술설계부·지질고생물학조·인류학조·천문학조·표본제작센터 등이 있다. 그리고 잡지(자연과 인간)도 발간하고 있다.

어떻든 어둡고 덥고 냄새나는 곳을 관람하고 나오면서 「몇 년 안에 좋아지겠지」 하는 생각만 했다.

메모

주소 : 상해시 연안동로 260호

전화 : 21-63212548

우편번호 : 200002

입장료 : 5원

휴관 : 월요일

16
쑹칭링링위엔
(宋慶齡陵園 : 송경령릉원)

　북경의 고궁박물원 서쪽 서성구에 있는 중화인민공화국 명예주석 송경령 동지 고거(故居 : 살던 집)에서 만나 감격한 필자는 상해에서 다시 송경령(1893-1981)을 만났다. 송경령릉원에서였다. 그의 무덤과 대리석상 그리고 사적진열실에서였다. 북경의 살던 집이 크고 화려했다면 상해의 능원은 엄숙하고 고요했다.

　이곳은 4개 구역으로 조성되어 있다. 즉 송씨 가족묘지 구역(송경령 부모 묘·송경령 묘·송경령 대리석상·송경령의 보모 이연아 묘·기념광장·송경령 기념비·송경령 일생 사적진열실 등)·만국 공묘명인묘원·만국공묘외적인묘원·소년아동 활동구(어린이 박물관) 등으로 되어 있다.

　송경령 부모묘는 아들 셋(자문·자양·자안)과 딸 셋(애령·경령·미령)이 1932년 8월에 세웠고, 이연아의 묘는 1981년 2월에, 송경령의 묘는 1981년 6월에 세웠다. 학교교육을 받지 못한 보모(가

정부) 이연아는 송경령과 함께 50여 년을 산 충직한 여인이어서 송경령이 가족처럼, 언니처럼 생각했는데 죽어서도 같이 나란히 묻혔다. 물론 송경령은 넉 달 먼저 세상을 떠난 이연아의 곁에 묻힐 것을 약속했었다. 남편(손문)이 묻혀 있는 남경의 중산릉으로 가지 않았다. 왜 그랬는지 필자는 알 수가 없었다. 몇 명의 중국 저명인사에게 물었지만 그들도 모른다고 했다.

송경령의 백색 대리석 전신의좌상의 높이는 2.5m, 좌대 높이는 1.1m, 즉 전체 높이는 3.6m. 88년 한 생애를 오로지 민족과 국가를 위해 산 위대한 여성의 우아한 모습이 사실적으로 잘 조각되어 있다.

등소평의 제사:「송경령동지영수불후」라고 쓴 이 제사는 등소평이 1987년에 쓴 것이다. 위대한 전사였던 송경령(1893~1981)의 생애를 잘 나타내었다.

송경령 묘:1981년 북경에서 세상을 떠났지만 고향이면서 부모의 묘가 있는 상해의
이곳에 와서 묻힌 송경령의 묘는 서양식으로 만들어졌다.

송경령 전신좌상:백색 대리석을 조각하여 만든 이 송경령 전신좌상의 높이는 2.5m, 좌대 높이는 1.1m 전체 높이는 3.6m다. 우아한 모습의 노년상이다.

외국인 묘지 일부:송경령릉원 안에는 만국공묘(외국인 묘지)도 있다. 중국을 사랑하고 중국과 인연이 있는 외국인들의 묘지이다. 작은 표석도 있고 석상도 있다.

송경령 기념비에는 「애국주의·민주주의·국제주의·공산주의의 위대한 전사 송경령동지 영수불후」라고 등소평이 쓴 글씨가 크게 새겨져 있다. 그리고 뒤에는 3천3백여 자의 비문이 청흑색 화강석에 새겨져 있다. 필자는 혼자서 참을성 있게 다 읽어 보았다. 문장도 아름다웠다. 봄날 비온 후의 꽃처럼 아름다웠다. 마치 눈 온 날 못 속의 달처럼 명징했던 송경령의 마음 같았다.

송경령일생사적진열실은 1987년 9월에 개관했는데, 993㎡(3백 3십 평)이며 6개 진열실과 1개 영상실로 구성되어 있다. 사진 4백여 장과 실물 1백여 점을 전시했다. 중국의 몇 곳에 있는 송경령 사적전시실 중에서 제일 크고 충실하게 만든 전시실이라 했다. 전시 방법도 좋았다.

이곳 능원의 서북쪽에 있는 만국공묘(국제공원묘지)에는 저명한 중국인과 중국을 사랑했던 외국인의 묘가 함께 있는 곳이다. 묘지는 모두 서양식으로 되어 있고, 작은 비석이나 석상이 세워져 있었다.

능원의 남쪽에 있는 어린이 박물관은 송경령이 어린이를 좋아했고, 어린이 운동(아동보호복지운동)을 했기 때문에 이곳에 세운 것이나 시설은 보통 이하였다.

예 12

주소 : 상해시 송원로 21호
전화 : 62754094
우편번호 : 200335
입장료 : 5원
휴관 : 연중무휴

17

쏭칭링꾸쥐

(宋慶齡故居 : 송경령고거)

중국에는 유명인사의 꾸쥐(故居 : 연고가 있는 집, 또는 살던 집)가 많다. 단 몇 년간 살았어도 지방정부나 중앙정부에서 관리하고 있어서 깨끗하게 꾸며져 있다. 예를 들면 북경의 모순고거 · 곽말략고거 · 송경령고거 · 노신고거 · 제백석고거, 상해의 손중산고거 · 송경령고거 · 노신고거 · 심윤묵고거 · 이백열사고거 · 모순고거 · 장문천고거 · 황염고거, 소흥의 서위고거 · 추근고거 · 채원배고거 등이다. 물론 박물관이나 기념관으로 되어 있는 집도 많다.

그런데 이 가운데 제일 크고 좋은 집은 상해의 손중산고거와 송경령고거이다. 송경령고거를 먼저 가 보았다. 대지가 4천 3백㎡나 되고 건축면적이 7백㎡(3층 양옥)나 되는 저택이다. 1920년대 초에 서양인이 지은 집인데 1948년부터 송경령이 살기 시작했다. 20여년 살았다. 1981년에 송경령이 북경에서 세상을 떠난 후부터 상해시의 능원관리위원회에서 관리하기 시작했다.

남향으로 난 직사각형의 대지에 집이 있고(길 쪽으로), 남쪽으로는 넓은(약 1천 평 정도) 잔디밭이 있다. 가장자리에는 나무와 꽃이 심어져 있어 가든파티를 열기에 안성맞춤이다. 전시되어 있는 유물은 4백여 점인데, 모두 송경령이 생전에 사용하던 것이다. 손문 사진(손문과의 결혼사진), 모택동과 함께 찍은 사진, 김일성이 상해에 왔을 때 준 선물(춘향이 그네 뛰는 모습을 자수로 놓은) 등과 생활용구 · 서적 · 어머니 초상화 등이 집안에 가득하다. 또 서재에는 송경령이 사용하던 구식 영문타자기와 각종 서류들도 그대로 있다.

이 송경령고거에 소장되어 있는 유물은 1만여 점인데, 중요한 것은 손문과 주고받은 편지 · 메모 · 사진 · 그림 · 책 등도 많다. 손문이 송경령에게 준 책에는 항상 「나의 현처 경령에게」라고 씌어 있다. 또 송경령 자신이 쓴 책의 원고와 편지 원본 등도 있어 사료로서의 가치가 대단하다.

이처럼 좋은 집에서 안락하고 행복하게, 그러나 조금은 쓸쓸하게 살던 송경령도 문화혁명기간(1966-1975)에는 홍위병으로부터 시련도 당했고, 그 후 4인방으로부터도 박대를 당했다. 1972년 북경으로 이사간 후에는 좋은 대우를 다시 받아 만년에는 편하게 지냈다.

평일에는 오후만 개방(1시−4시30분)하고 주말에는 오전−오후 개방하는 이곳 1 · 2 · 3층을 다 둘러본 필자는 국모 대접(손중산은 국부)을 받는 위대한 여성의 생애에 존경을 표하면서 나왔다. 관람객이 넘치고 있었다.

그런데 이런 곳을 만들려면 우선 당사자가 자기에 관한 유물과 유

203

上 海

宋 慶 齡 故 居

淮海中路1843号

副 券

송경령고거 입장권:대지 4천3백
㎡, 건축면적 7백㎡의 3층 양옥인
송경령고거는 화려하고 크고 좋은
집이다. 집 안의 유물도 잘 정리 정
돈되어 있다.

송경령고거:네모 반듯한 정원(잔디밭)은 시원스러웠고 가
장자리의 나무와 꽃들도 아름다웠다. 20여 년간 송경령이
살았기 때문에 지금도 그의 향기가 남아 있다.

품을 잘 보관해야 하고 국가나 지방정부에서도 성의를 가지고 준비를 해야 한다고 믿는다.

메모

주소 : 상해시 화해중로 1843호

전화 :

우편번호 : 200030

입장료 : 5원

휴관 : 연중무휴

18

샹하이쑨쫑산꾸쥐

(上海孫中山故居 : 상해손중산고거)

위대한 혁명사상가였으며 중화민국 초대총통이었던 중산 손문
(1866-1925)이 살던 2층 양옥이다. 프랑스 조계의 모리앨로 29호
였던 이 집은 지금은 향산로 7호가 되었지만 집은 그대로이다. 1918
년 여름 혁명동지들이 모금하여 사 준 집이다. 대지면적 1천13㎡에
건축면적 4백52㎡이다. 송경령고거보다 대지와 건물 모두 좁은 집

손중산고거 입장권:대지 1천13㎡, 건축면적 4백52㎡의 2층 양옥인 중산 손문의
고거는 프랑스식 건물이다. 손문은 이곳에서 6년간 송경령과 함께 살았다.

손중산고거 전경:1945년까지 프랑스 조계 안에 있던 손중
산고거는 1만여 점의 유물로 가득차 있으면서도 잘 정리정
돈되어 있다. 상해인민정부에서 관리하고 있다.

이다. 그러나 남향으로 깨끗하고 아담하다. 남쪽의 잔디밭 정원도
규모는 작지만 송경령고거와 비슷하다. 양옥의 특징일 것이다. 1층
에는 식당과 거실 등이 있고, 2층에는 서재와 침실 등이 있다. 모두
단아하면서 정결하다.

  손중산은 이곳에서 6년간(1918.7-1924.11) 송경령과 함께 살았
다. 1925년(손중산 서거 이후)부터 1937년까지는 송경령이 살았고,
1945년까지는 비어 있었다. 1945년 이후에는 송경령이 다시 집을
고치고 여기저기 흩어졌던 가재도구를 모아 다시 정리 정돈하여 꾸
몄다. 1949년부터는 상해인민정부에서 관리했다. 1981년 7월(송경
령 서거 이후)부터 정식으로 일반에 개방했다.

  유물은 각종 사진(총통 취임식 사진 등 8백여 점) · 조각 · 복식 ·
지휘도 · 권총 · 서적 · 서신 · 생활용구 · 문방사보 · 지도 · 중산

손중산동상:정문으로 들어가면 작은 정원이 있고 현관 입구에는 실물 크기의 손문 동상이 서 있다. 또 현관 입구에는 손문이 쓴 천하위공(天下爲公)이라는 현판이 걸려 있다.

모·안경·의료기구 등 다양했다. 모두 3백88점이 전시되어 있고, 기타 1만여 점이 소장되어 있다. 장서만 해도 5천여 권이 서가에 꽂혀 있다. 상해 손중산고거 관리처에서 발행한 책(손중산고거, 52쪽)을 보면 자세히 설명하고 있는데 필자에게 가장 인상적인 것은 북벌 때 가지고 다닌 도시락(행군찬구)과 의료기기였다. 서양제였는데 두 가지 다 사용하기에 편리하게 만들어진 것이다.

메모

주소 : 상해시 향산로 7호
전화 : 4372954
우편번호 : 200020
입장료 : 5원
휴관 : 연중무휴

19
위위엔
(豫園 : 예원)

　명나라 가정38년(1559)에 상해부자 반씨가 만든 원림(정원)인데 당시의 유명한 조경학자 장남양이 20여 년이나 걸려 설계 시공한 것이다. 크기는 항주나 소주 등지에 있는 유명한 원림보다는 작지만 강남명원 중의 하나로 꼽힌다. 주인 반씨 이후 2백여 년 동안 여러 차례 주인이 바뀌다가 청나라 건륭25년(1760)에 새주인이 대대적으로 수리하고 또 증축하여 화려한 모습을 갖추게 되었다.

　1842년 아편전쟁 때는 영국군이 점령하기도 했고, 1860년 태평천국군이 관군(청군·영불연합군)과 싸우면서는 많이 파괴되었다. 광서년간(1875-1908)부터는 이곳에 상해의 거상들(콩·쌀·설탕·차·술·직물 등 20여 사업자들)이 예원 안에 업소를 차리기 시작하여 이 일대가 상업지구가 되었다. 따라서 원내의 건물과 가산 등이 많이 훼손되었다.

　해방(1949) 후 정부에서는 명승고적으로 되살리기 위해 대규모

예원 담:만사형통을 상징하는 용은 중국인이 제일 좋아하는 영물이다. 예원담 위 지붕기와는 모두 용 모양으로 만들어져 있다. 이것 역시 중국 전통문화유산인 셈이다.

수리사업을 벌여 1961년 9월부터 대외개방을 시작했다. 그리고 1986년 3월부터 다시 더 큰 규모로 정비사업을 벌여 오늘의 모습을 갖추게 되었다. 즉 춘당·대가산·호심정·옥영롱 등에 옥화당·회경루·구사헌·환룡교·관대·희대 등을 증축하여 제대로 된 강남의 명원이 되었다. 그래서 약 2만㎡의 넓이에 내원과 외원의 6개 경구(景區)가 되었다. 20여 동의 건물과 가산·연못·고목·화목 등이 어울려 1천3백만 명이 사는 상해라는 대도시 속의 명승고적이 되었다. 건물 명칭만 보아도 경치를 생각할 수 있는데 삼혜당·암산당·권우루·췌수당·만화루·점춘당·장보루·회경루·구사

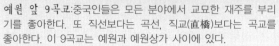

예원 앞 9곡교:중국인들은 모든 분야에서 교묘한 재주를 부리기를 좋아한다. 또 직선보다는 곡선, 직교(直橋)보다는 곡교를 좋아한다. 이 9곡교는 예원과 예원상가 사이에 있다.

회경루:예원 안의 많은 건물 가운데 대표적인 이 회경루는 일종의 힘(바이탈리티)의 상징이 되고 있다. 못·괴석·나무들과 어울려 더 아름답다.

예원상가:예원의 서쪽에 있는 예원상가
에는 다양하고 진기하고 작은 상해지방
특산품을 파는 상점이 수백 개나 있다.
특히 사탕과 과자는 유명하다.

헌·득월루·장서루·정관대청·관도루·환운루·연청루·희대 (연극무대) 등이다.

예원 안에는 또 석각·전각·니소(泥塑) 등으로 된 그림이 많이 있는데 신선도·팔선과해도·곽자의상수도·매처학자도·연중삼원도 등이 볼 만하다. 이런 그림들은 중국인의 장수사상과 복록사상을 나타내는 것이다. 즉 부귀영화를 누리면서 오래 살고 싶은 사상이다. 예원 안을 구경하고 다니면서 필자는 중국의 전통건축(특히 남방식) 양식 뿐만 아니라 인간의 기본욕구 같은 것도 확인하였다.

그리고 예원 안에서는 근현대의 서화 1천여 점도 감상할 수 있다. 즉 청대화가 왕시민·변수민·임백련·옹동화·심종경 등과 현대화가 제백석·오창석·이서청·장대천·황빈홍·왕일정 등의 작품이 있다. 또 명품도자기도 많이 진열 전시되어 있다.

물론 건물 안에는 가구도 많다. 모두 8백여 점이나 되는데 값비싼 자단목으로 된 것(화안·서안·의자·탁자·책상·병풍 등)도 많다. 어떻든 몇 시간 걸려 한 바퀴 돌면(관람객이 너무 많아 시간이 더 걸린다) 배운 것이 많아진다.

215

┌─────────────────────────────┐
│   예 원   │
│   │
│ **주소** : 상해시 화원로 173호   │
│ **전화** : 56904055   │
│ **우편번호** : 200010   │
│ **입장료** : 25원   │
│ **휴관** : 연중무휴   │
└─────────────────────────────┘

20

따한민구어린스쩡뿌지우쯔

(大韓民國臨時政府舊址 : 대한민국임시정부구지)

대한제국이 일본제국의 강압에 밀려 1910년 8월 망한 후 9년 만에 독립을 찾기 위해 기미만세운동을 일으켰으나 실패하고 말았다. 3·1독립운동 실패 후 애국지사들은 국외로 망명했고 이들은 1919년 4월 10일 상해에 모여 대한민국임시정부를 결성하기로 하고 13일 정부성립을 세계 만방에 선포했다. 임시정부 청사는 여러 차례 옮겼고 1932년 5월에는 상해를 떠나 가흥·남경 등지를 거쳐 중경까지 가면서 해방(1945)을 맞이하였다. 필자는 여러 곳의 옛터 가운데 상해시 마당로에 있는 옛터와 중경시에 있는 옛터를 찾아보았는데 이곳에서는 상해에 있는 것부터 소개하겠다.

1919년 9월 17일에 찍은 사진에는 신익희·안창호·김구·나용균·여운형·신채호 등이 보인다. 또 1920년 1월 1일에 찍은 임시정부 의정원의원과 직원 수는 60명쯤 된다. 많이 는 셈이다.

1919년부터 1932년까지 13년간 상해에서 활동한 임시정부 청사

상해임시정부청사 입장권:정식 명칭은 대한 민국 임시정부 구지 참관권이다. 건물·김 구·김구 유묵(글씨)·태극 등이 밝혀져 있다. 특히 「독립정신」이라고 쓴 글씨가 감회롭다.

는 지금 상해시 남쪽 마당로 306농 4호에 있다. 3층 양옥이다. 1919년 4월 17일 한자로 쓴 현판(大韓民國臨時政府)를 내걸고 업무 를 시작했다. 이 집은 1992년 한중수교 이후 구입한 후 대대적으로 수리하는 등 성역화 작업을 하였다.

　이곳에서 임시정부는 한국독립당·한국애국단·한국특무대·독 립군 등을 만들었고, 그 단원인 이봉창·윤봉길 등이 왜놈을 죽이 는 등 적극적인 독립운동을 했다. 그래서 이곳을 참관하면 당시의 사진과 실물자료 등을 많이 볼 수 있다. 입장권을 사고 방명록에 서 명을 하면(신분을 확인한다) 비디오 영상을 보여준다. 그리고 안내 인(한국말을 할 줄 아는 중국 여자)이 자세한 안내를 한다. 독립정신 을 확인하는 성지를 방문한 엄숙한 느낌을 갖게 된다. 조국 즉 민족과 국가가 무엇이며 나라와 민족을 위해 무엇을 해야 하는가를 깨닫게 된다.

선열들의 숭고한 애국정신을 계승하여 위대한 조국의 지속적인 발전을 위하여 노력할 것을 다짐하게 된다. 또 한국인임을 자랑스럽게 생각하게 된다. 그리고 여비의 일부를 헌금함에 넣게 된다. 벽에는 이곳을 찾은 많은 명사들의 이름이 적혀 있다.

임시정부 주석 김구가 홍구공원 폭탄사건(1932년4월) 이후 항주·가흥·남경 등으로 피신하던 시절을 소설로 쓴 [선월]을 생각하면서 나왔다. 기념으로 준 부채는 오래도록 간직해야 할 것이다.

메모
주소 : 상해시 마당로 306농 4호
전화 : 021-53829554
우편번호 : 200020
입장료 : 25원
휴관 : 연중무휴

21
룽화리에스링위엔
(龍華烈士陵園 : 용화열사릉원)

상해시의 서남쪽에 있는 용화열사릉원은 상해에 있는 몇 곳의 열사 기념관 가운데 제일 규모도 크고 잘 정비된 곳이다. 이 능원의 남쪽 맞은편에는 오래되고 유명한 절인 용화사도 있어 관람객이 많다.

능원은 전국중점문물보호단위이면서 전국중점열사기념건축물보호단위이기도 하여 잘 관리되고 있다. 관광문화풍경구로 지정되기도 한 이곳에는 복숭아나무가 많아 봄에는 붉은 복숭아꽃 때문에 온통 빨갛게 물든다고 한다.

옛날부터 군사기지가 있던 이곳에는 군사법정·남녀간수소·형장 등도 있었고, 1930년대에는 공산당원과 애국지사들을 처형하기도 하였다. 그래서 이곳을 성역화하고 1991년 6월 용화열사릉원을 준공·개방했으며, 또 1995년 4월에는 확장 개관하였다. 즉 8개 구역(첨앙구·열사묘구·유지구·지하통도와 취의지·비림구·청소

열사조각상:기념비 앞 남쪽의 동서 좌
우에 있는 주제조소(좌우 11명씩)는 화
강석으로 힘차게 조각되어 있다. 사실주
의의 양식을 충실히 보여주고 있다.

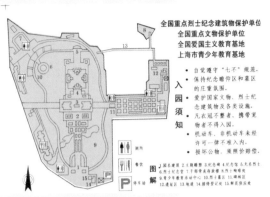

全国重点烈士纪念建筑物保护单位
全国重点文物保护单位
全国爱国主义教育基地
上海市青少年教育基地

入
园
须
知

• 自觉遵守 "七不" 规范.
• 保持纪念瞻仰区和墓区
  的庄重气氛。
• 爱护国家文物、烈士纪
  念建筑物及各类设施.
• 凡衣冠不整者、携带宠
  物者不得入园.
• 机动车、非机动车未经
  许可一律不准入内.
• 损坏公物，须照价赔偿.

图
解

J 国名建筑 2.主题雕塑 3.纪念碑 4.纪念馆 5.无名烈士
6.烈士纪念堂 7.干部骨灰存放楼 8.烈士邮电楼
9.青少年教育活动中心 10.烈士墓区 11.碑林区
12.遗址区 13.地道 14.接待登记处 15.解放岗哨

용화열사릉원 입장권:열사기념관 외의 구역은 공원지구여서 새벽 6시 30분부터 오후 5시까지 입장할 수 있는 입장권이다. 요금은 1원. 위 글씨는 등소평이 쓴(龍華烈士陵園) 것이다.

열사기념관:높이 36m의 4층 대형 건물인 열사기념관은 진열실 면적이 5천여 ㎡나 된다. 피라밋 지붕과 입방체의 건물이 어울려 현대미를 돋보여준다.

년교육활동구·간부골회존방구·휴식구)으로 조성하였다. 남북 일 직선상에 정문·조각상·기념비·기념관·무명열사묘를 배치하였 고, 좌우에는 휴식구·열사기념당·열사묘·간부골회존방구·열 사취의지·지하통도·간수소·식당 등을 두었다.

대문이 있는 입구 광장은 3천여㎡나 되고 그 오른쪽엔 거대한 홍 암이 서 있다. 안으로 들어가면 등소평이 쓴 능원비루(龍華烈士陵 園)가 있다. 비루를 지나면 첨앙구(남북 4백50m, 동서2백m)가 있 는데 바닥을 붉은 화강석으로 깔았다. 또 기념교를 지나면 기념광 장이 있고 그 맞은편에 주제조소군상(독립·민주·해방·건설을 주제로 한 22명의 남녀군상. 높이7.2m×폭13m)이 있다. 장대하고 힘찬 모습이다. 화강석 조상인데 상해의 혁명역사를 상징하고 있 다. 현대감각이 넘치면서도 조형미를 갖췄다.

또 더 올라가면(북쪽 기념관 쪽으로) 기념비(길이 24m, 폭13m, 높이 7.5m)가 있다. 붉은 화강석으로 만들었는데 장엄하다. 비의 뒷면에는 1995년 4월에 새긴 비문 3백여 자(중화민족의 유구한 문 명과 위대한 정신 및 선열의 위대한 업적을 칭송한)가 있다.

피라밋 지붕을 한 기념관은 1만여㎡나 되는 대형건물인데 4층으 로 높이가 36m나 된다. 5천여㎡나 되는 진열실에는 문물·사진· 도표·빛과 소리 등의 현대식 전시물이 가득하다. 아편전쟁 때부터 지금까지의 혁명열사들의 행적이다.

비림구에는 열사들의 업적을 새긴 비벽과 정자 등이 있다. 비벽의 길이는 양쪽 모두 50여m나 된다. 자손만대에 알리려는 뜻이다. 무 명열사묘에는 2백71명, 열사묘에는 8백55명이 묻혀 있다. 모두 해

大韓民國臨時政府舊址

中國·上海

기념 부채:대한민국 임시정부청사를 방문하는 관람자들에게 주는 이 기념 부채는 화학섬유로 예쁘게 만든 것이다. 필자는 오래도록 보존하고 싶어서 가져 왔다. 세로 20㎝.

와 달과 함께 빛난다는 비명이 있다.

지금도 계속 기념조각을 세우고 있고, 능원 안을 정비 확장하고 있는 이곳을 보면 볼수록 중국민족의 거대성·치밀성·대칭성·완벽성에 놀라게 된다. 중국은 역시 큰 나라다.

> **메모**
>
> **주소** : 상해시 용화로 2887호
> **전화** :
> **우편번호** : 200232
> **입장료** : 5원
> **휴관** : 연중무휴